Knaur.

Über die Autorin:
Brenda Stumpf, 1960 in Recklinghausen geboren, kochte acht Jahre lang in der Bochumer »Zeche« für Rock 'n' Roller, Popstars und Discogänger. Dann hängte sie die Schürze an den Herd und widmete sich dem Verkauf von Drogerieartikeln und Modewaren. Später folgten Stationen als Eventmanagerin, Pressechefin großer Veranstaltungen und Büroleiterin einer Schauspielagentur. Brenda Stumpf lebt heute an der Nordseeküste und ist freie Autorin.

BRENDA STUMPF

Bratkartoffeln für Tina Turner

Meine wilden Jahre
als Backstage-Köchin

Knaur Taschenbuch Verlag

Der Abdruck des Songtextes »Junge« auf Seite 163 bis 164 erfolgt mit der freundlichen Genehmigung der PMS Musikverlag GmbH und der Band Die Ärzte.

Besuchen Sie uns im Internet:
www.knaur.de

Originalausgabe Juli 2011
Copyright © 2011 by Knaur Taschenbuch
Ein Unternehmen der Droemerschen Verlagsanstalt
Th. Knaur Nachf. GmbH & Co. KG, München.
Alle Rechte vorbehalten. Das Werk darf – auch teilweise – nur mit Genehmigung des Verlags wiedergegeben werden.
Redaktion: Claudia Schlottmann
Umschlaggestaltung: ZERO Werbeagentur, München
Umschlagabbildung: FinePic®, München
Satz: Adobe InDesign im Verlag
Druck und Bindung: CPI – Clausen und Bosse, Leck
Printed in Germany
ISBN 978-3-426-78395-5

2 4 5 3 1

*Für alle,
die ihre Erinnerungen mit mir geteilt haben.*

INHALT

Prolog 11
Die Lammkotelett-Bredouille oder
Willkommen in der Wirklichkeit

Kapitel 1 19
Mein neues, wildes Leben oder
Jede Menge Nachholbedarf

Kapitel 2 29
Der Rockpalast ist im Haus oder
Johnny Rotten hat 'nen Vollknall

Kapitel 3 47
Echte Stars und Möchtegerns oder
Auf die Knie – ich bin wichtig!

Kapitel 4 57
Leben in der Partyzone oder
Ääääääh ... welcher Tag ist heute?

Kapitel 5 65
Die Toten Hosen und ich oder
Zwischen Videodreh und Saloonschlägerei

Kapitel 6 75
Internationale Wochen oder
Was essen eigentlich die Franzosen?

Kapitel 7 85
Ganz großer Sport oder
Wie viel Arbeit passt in einen halben Monat?

Kapitel 8 93
Erbarmen – die Rapper kommen oder
Eine harte Prüfung für die Köchin

Kapitel 9 99
Die lieben Kollegen oder
Brisante Zwangsgemeinschaften

Kapitel 10 113
Butterfahrt und King Kurt oder
Der Mensch braucht Abwechslung

Kapitel 11 121
Reggae für Fortgeschrittene oder
Die heiligen Männer kommen

Kapitel 12 131
Nachhilfe für Tom oder
Wir helfen gern, wenn du nicht weißt, wie man feiert …

Kapitel 13 137
Immer wieder Silvester oder
Wenn nicht nur die Böller explodieren

Kapitel 14 147
Test Department oder
Ein Konzert organisieren? Kann doch nicht so schwer sein!

Kapitel 15 163
Die Beste Band der Welt und ich oder
Bela, ich will ein Kind von dir!

Kapitel 16 169
Heavy Metal Overkill oder
Ein Festival für alle Sinne

Kapitel 17 177
My private »Shining« oder
Eine Nacht wie von Stephen King erdacht

Kapitel 18 191
Michael Jackson im Müngersdorfer Stadion oder
Hinter den Kulissen einer Monumentalveranstaltung

Kapitel 19 201
Hai-Alarm in der Banddusche oder
Hat mal einer 'ne Kettensäge für mich?

Kapitel 20 209
Das Leben danach

Danksagung 217

Bildnachweis 219

PROLOG

Die Lammkotelett-Bredouille
oder
Willkommen in der Wirklichkeit

Wie von wilden Furien gejagt renne ich durch die Zeche und suche nach jemandem, der mir helfen kann. Irgendjemandem. Frau, Mann, Kind, Alien … egal. Hauptsache, dieses Wesen spricht meine Sprache und kann kochen. Aber es ist erst 16 Uhr, also sind Café, Restaurant und Kneipe noch menschen- und kollegenleer.
Machen wir uns nichts vor: Ich bin in Panik.
In drei Stunden sollen für eine zwölfköpfige Band Lammkoteletts mit Knoblauchbohnen und Bratkartoffeln auf dem Tisch stehen, und zwei der drei Komponenten des eigentlich nicht sehr komplizierten Menüs habe ich noch nie in meinem Leben gekocht.
Bratkartoffeln kann ich. Gut sogar.
Aber: Lammkoteletts? Knoblauchbohnen?
Hatte ich es schon erwähnt? Ich befinde mich auf der ersten Konzertschicht in meinem neuen Job als Köchin – und den will ich möglichst behalten.
Jetzt mögen Sie zu Recht anmerken: Wie – die nimmt einen Job als Köchin an und gerät bei Lammkoteletts in Panik? Wie passt das denn zusammen? Kann ich Ihnen sagen: Ich bin dreiundzwanzig Jahre alt, habe vorher hier und da als Kassiererin im Supermarkt gejobbt und arbeite seit vier Wochen in der Küche der Zeche Bochum. Nur –

ein Konzert hat bisher während meiner Schichten noch nicht stattgefunden; ich hatte lediglich die Besucher der Kneipe und des Restaurants mit einer überschaubaren Menge an Bestellungen von der einfachen Speisekarte zu versorgen: Spaghetti, Salate oder Tomatensuppe.

Und dann komme ich zur Arbeit, und auf der Arbeitsplatte liegt ein Zettel: »Lamm und Bohnen sind im Kühlhaus. Die Band will vor dem Konzert essen. 12 x Lammkoteletts, Bratkartoffeln und Knoblauchbohnen um 19 Uhr. Sag vorne Bescheid.«

Vorne, das ist das Restaurant. Die Kellnerinnen müssen einen Tisch reservieren und eindecken, damit die Band samt Entourage um 19 Uhr speisen kann, beglotzt von Fans, die nicht fassen können, dass die bewunderten Stars am Nebentisch sitzen und essen.

Einfach so.

Da bleibt vor Ehrfurcht die Gabel in der Luft hängen, und das Essen auf dem eigenen Teller wird kalt. Aber manchmal werden die Idole auch nicht erkannt, was noch viel lustiger ist, wie ich im Laufe der nächsten Monate und Jahre erfahren werde. Dann sitzen die Düsterbombastrock-Jungs von »The Cult« eben nicht in ihrem schwarzen Bühnenornat im Restaurant, sondern in verwaschenen Jeans und Holzfällerhemden aus kariertem Flanell. Sie könnten genauso unsichtbar sein.

Ich bin immer noch auf der Suche nach jemandem, der mir bittebitte aus der Lammkotelett-Bredouille hilft. Unten in der Konzerthalle zerren ein paar mürrisch wirkende Aufbauhelfer lustlos das Bühnenequipment der Band durch die Gegend, während aus der Disco-Anlage laute Musik donnert.

»Kann mir jemand helfen?«, schreie ich, so laut ich kann.

Offenbar bin ich laut genug, um die Musik zu übertönen, denn alle halten inne und starren mich an.
Schweigend.
Dann schreit einer zurück: »Wie bist du denn hier reingekommen? Das Konzert ist heute Abend! Hier ist noch kein Einlass!«
Das ist so unfassbar dämlich, dass es mir kurzzeitig die Sprache verschlägt.
Wer soll ich schon sein?
Im weißen T-Shirt und mit einer weißen Schürze vor dem Bauch? Ein irrer Fan mit Kochklamotten-Fetisch?
Gott sei Dank stellt jemand die Musik ab, und ich kann in zivilem Ton erklären, wer ich bin. In den Gesichtern der mich immer noch ausdruckslos anstarrenden Typen flackert so etwas wie Interesse auf. Aha, die neue Frau am Herd. Die Frau, die in Zukunft auch für unser Essen zuständig ist! Wichtige Person.
»Was'n los?«, fragt einer.
Ich plappere, dass ich Lammkoteletts für die Band machen soll und nicht weiß, wie – und ob vielleicht einer der Herren …?
Alle zeigen auf einen riesigen, dicken Kerl mit Vollbart, der bräsig am Bühnenrand sitzt und den anderen beim Arbeiten zuguckt (und der später, viel später, versuchen wird, mich aus der Küche zu mobben, aber so weit ist es noch lange nicht). Der Typ sieht aus, als könnte er als Vorspeise eine halbe Giraffe verdrücken, die mit einem halben Schwein gefüllt ist. Als könnte er sogar Obelix mühelos unter den Tisch fressen. Zweimal hintereinander. Und dabei noch das Lautenspiel und den Gesang von Troubadix ertragen.
Wie auch immer.

Der dicke Typ erklärt mir, was ich wissen muss. Aha, die Bohnen werden gekocht, bis sie weich sind, aber trotzdem noch Biss haben (»musste immer mal checken«) und dann dezent in Butter und Knoblauch geschwenkt (»nich zu viel Knobi, sonz kippen die ersten beiden Reihen ausse Galoschen« – brüllendes Gelächter der umstehenden Kollegen). Reihenfolge: Zuerst die Bratkartoffeln, dann die Bohnen und zum Schluss, wenn ich weiß, dass die Gäste im Anmarsch sind, die kleinen Lammkoteletts kurz und scharf anbraten (»bissken Salz drauf«). Ich bedanke mich überschwenglich, und der Koloss erbittet sich als Revanche eine Portion Bratkartoffeln mit Spiegeleiern, wenn er Feierabend hat. »Aba 'ne ordentliche Männaportion, hörsse?« Ich sage zu und ahne zu diesem Zeitpunkt noch nicht, dass ich damit eine neue Währung geschaffen habe.

Ich flitze zurück in die Küche. Bis die Band essen will, habe ich noch zweieinhalb Stunden Zeit, in denen ich aber auch alles andere für die normale Küchenschicht vorbereiten muss. *Mise en place* heißt das Zauberwort, Küchensprech für: den Arbeitsplatz einrichten, alles an den rechten Ort stellen. Bedeutet: vorkochen, schnibbeln, schälen, anrühren, heiß stellen, damit ich, wenn die Bestellungen aus Kneipe und Restaurant hereinkommen, nicht aufgescheucht kreuz und quer durch die Küche rasen, sondern nur noch in Behälter greifen muss.

Zweieinhalb Stunden sind nicht viel, wenn eine Zehn-Stunden-Schicht (von sechs Uhr abends bis vier Uhr morgens) ansteht und man zusätzlich noch ein Menü für zwölf Personen zubereiten muss. Zum ersten Mal im Leben. An das Vanilleeis mit heißen Kirschen zum Nachtisch verschwende ich keinen Gedanken. Das sollte nun wirklich kein Problem sein.

Und dann beginnt das Spielchen, das ich während der kommenden knapp zehn Jahre noch mindestens tausendmal spielen werde:
Kommt die Band pünktlich?
Bedeutet 19 Uhr wirklich 19 Uhr oder »irgendwann vor dem Auftritt«?
Was, wenn die Bratkartoffeln zu kleinen schwarzen Klümpchen verschmort sind, bis die Band auftaucht?
Und: Wie – um Himmels willen – schwenkt man gusseiserne Pfannen, die groß wie Wagenräder und tonnenschwer sind? Für Einzelbestellungen brauchte ich bisher immer nur die kleinen Pfannen, aber bei zwölf Portionen auf einmal kommt schweres Gerät zum Einsatz. Ist das hier nicht viel eher ein Job für Arnold Schwarzenegger?
Immer mehr Essensbons kommen in die Küche geflogen, denn das Restaurant füllt sich mit hungrigen Konzertbesuchern, die vor dem musikalischen Ereignis noch einen Happen essen wollen. Man gönnt sich ja sonst nichts. Salat, Spaghetti, überbackener Toast, Dutzende von Bons – ja, auch Bratkartoffeln, unmöglich, wie soll das denn gehen, der vierflammige, riesige Gasherd ist komplett belegt mit dem Bandessen!
Ich umkurve zwei Mädels vom Hallenpersonal, die für den Verkauf in der Disconacht nach dem Konzert bei mir in der Küche Baguettes mit Käse, Salami und Salat belegen. In aller Seelenruhe, denn sie haben es ja nicht eilig. Ist ja erst Konzert, und die Disco fängt deshalb frühestens um zehn an. Die Küche hat zu tun, und wir stehen im Weg? Mirdochegal.
Mir nicht.
Mir stehen die Haare zu Berge. Ich schiebe Panik. Ist die Band schon da? Immer noch nicht? Aber es ist doch schon

nach sieben, und die phantastisch aussehenden Bratkartoffeln lassen gerade den perfekten Garpunkt hinter sich.
»Bleib mal locker, ey«, mault mich das Mädchen an, das ich verscheuchen will. Verscheuchen *muss,* denn ich stemme gerade einen Fünfzig-Liter-Topf voll frisch gekochter Spaghetti, die ich mal allmählich abgießen sollte.
Sie lehnt mit der Hüfte an der Spüle und wäscht Kopfsalat, spült jedes Blatt unter fließendem Wasser sorgfältig von beiden Seiten ab, schüttelt es aus und legt es in ein großes Sieb. Nächstes Blatt: spülen, schütteln, ins Sieb legen. Währenddessen erzählt sie dem anderen Mädchen von dem unglaublich süßen Typen, den sie am letzten Wochenende im Bett hatte.
Vor meinem geistigen Auge sehe ich mich brüllend und messerschwingend auf sie losgehen. Oder ich gieße ihr einfach das kochende Nudelwasser über die Hände, mal sehen, ob ihr das nicht Beine macht.
»Also eeeecht ...«, mault das Mädchen und bewegt sich im Schneckentempo aus der Gefahrenzone.
»*Die* ist ja drauf«, murmelt ihre Kollegin, während die beiden vielsagende Blicke tauschen.
Seid froh, dass ich beide Hände voll habe, denke ich und mache mit meiner Arbeit weiter. Sie haben keine Ahnung, wie nah sie an einem viel zu frühen Tod vorbeigeschrammt sind.
Eine Kollegin aus dem Restaurant erscheint in der Küchentür. »Die Band ist da!«
Showtime.
Ich drehe die Flammen unter den Pfannen für die Lammkoteletts hoch, schwenke noch einmal die Bratkartoffeln und die Böhnchen, stelle zwölf große Teller bereit. Die Lammkoteletts brutzeln, während ich den Rest schon mal

anrichte. Die Bratkartoffeln gehen gerade noch so, noch ist nichts wirklich verbrannt. Die Bohnen habe ich praktisch im freien Fall mit Knoblauch gewürzt – mir schmecken sie jedenfalls, aber was heißt das schon?
Die Lammkoteletts sind fertig (zumindest sind sie appetitanregend goldbraun geröstet) und wandern aus der Pfanne auf die Teller.
Die beiden Kellnerinnen holen das Essen ab, und ich halte den Atem an. Ich kenne die Band nicht und weiß nicht, wer vorne sitzt – will es auch nicht wissen. Wird es ihnen schmecken, oder habe ich gleich zwölf empörte Musiker in der Küche stehen, die mich für diesen Fraß unflätig beschimpfen? Künstler, deren sensible Künstlermägen ich mit dieser Zumutung nachhaltig geschädigt habe, die gar meinetwegen das Konzert absagen?
Nichts passiert.
Ich arbeite mich weiter durch die anderen Bons; denn die Zeit bleibt leider nicht stehen, nur weil ich auf ein Feedback warte.
Schließlich bringt eine Kellnerin die leeren Teller der Band in die Küche. Sie grinst und sagt: »Kompliment an die Köchin, soll ich dir ausrichten.«
Ich muss also nicht befürchten, dass mein Chef mich hochkant rauswirft, weil sich meine Behauptung, kochen zu können, als faustdicke Lüge herausgestellt hat. Ich bin derart erleichtert, dass ich weinen könnte. Aber dazu bleibt keine Zeit, denn es ist Freitagabend, und ich habe noch neun Stunden Schicht vor mir. Bis ich Feierabend habe, wird es fünf Uhr morgens sein. Mindestens.

KAPITEL 1

Mein neues, wildes Leben
oder
Jede Menge Nachholbedarf

Als die Zeche Bochum im November 1981 mit einer großen Party ihre Pforten öffnete, wohnte ich noch zu Hause. Ich studierte seit 1980 an der Ruhruniversität Bochum irgendwie vor mich hin, hatte aber nur äußerst vage Vorstellungen von meiner beruflichen Zukunft. Eher spontan als zielgerichtet hatte ich Anglistik, Pädagogik und Sozialpsychologie mit Magisterabschluss als Studienfächer gewählt, nachdem ich ein zwei Jahre zuvor begonnenes Lehramtsstudium in Münster bereits abgebrochen hatte.
Viel wichtiger als das Studium war mir, alles nachzuholen, was ich in meiner behüteten Teenagerzeit nicht gedurft hatte: feiern und vor allen Dingen mit den Leuten abhängen, vor denen mich meine Eltern immer gewarnt hatten (ja, wirklich!), ohne hinterher eine Standpauke zu kassieren.
Das Zeitalter von Föhnwelle, Glitzerlidschatten, Karottenhosen und Schulterpolstern, mit denen man durch keine Tür kam, hatte gerade begonnen.
Aber nicht für mich. Ich gehörte schon länger zu den »Schwatten«, seit ich mir sämtliche Kleidung, die ich besaß, schwarz gefärbt hatte. Nix Glitzer und Neonpink – nur über meine Leiche. Wie Raben unter Papageien bewegten wir uns düster gewandet durchs Leben, bestaunt und

durchaus auch bepöbelt von Mitmenschen, die uns für Satansanbeter und Schlimmeres hielten. Sollten sie sich ruhig durch Horrorvisionen phantasieren, in denen »Leute wie wir« Jungfrauen opferten und düstere Bündnisse mit dem Fürsten der Finsternis eingingen. Obwohl – das war ja eigentlich Ozzy Osborne ...

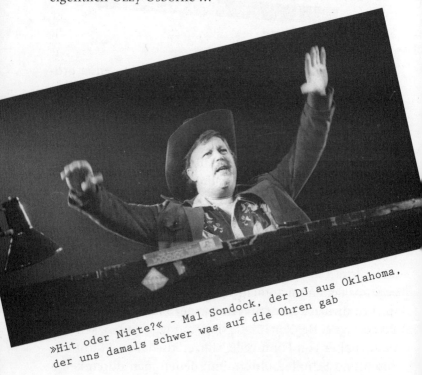

»Hit oder Niete?« - Mal Sondock, der DJ aus Oklahoma, der uns damals schwer was auf die Ohren gab

»Verdorben« hatte mich persönlich 1977 ein Radio-DJ namens Mal Sondock, der mit seiner »Diskothek im WDR« mittwochabends ein Pflichtprogramm für alle geschaffen hatte, die an Popmusik aus Europa interessiert waren. Normalerweise spielte er die damals gängigen Charts, also

Smokie, die Bay City Rollers, ABBA, Harpo und – o mein Gott – Oliver Onions, die immer diese nervtötende, gehirnzerstörende Musik zu den Terence Hill/Bud Spencer-Filmen beisteuerten. Ich saß regelmäßig vor dem Radio, obwohl meine Helden damals Uriah Heep, Black Sabbath, Deep Purple, Genesis und Queen hießen, aber die wurden im Radio nicht gespielt – zumindest nicht von deutschen Stationen. Noch hatte ich mich nicht endgültig für die dunkle Seite entschieden, aber Mal Sondock beschleunigte meine Selbstfindung an einem denkwürdigen Mittwochabend, als er zwei brandneue Singles aus England auflegte: »Holidays in the Sun« von den Sex Pistols und »Peaches« von den Stranglers. Das war so anders, so wild und ungezähmt, dass ich sofort elektrisiert war.

Von Stund an war ich Punk. Zum Entsetzen meiner Familie trug ich nur noch schwarz, kürzte ein paar Monate später (nach meinem Abitur 1978) meine schwarzen Locken bis auf millimeterkurze Stoppeln, blondierte zwei Streifen und färbte sie anschließend knallpink. Ich sah aus wie ein durchgeknalltes Stinktier, aber ich fand es wunderbar.

Und als ich Jahre später – 1983, um genau zu sein – für Johnny Rotten, den amtlichen Godfather of Punk, kochen durfte, war ich im Himmel! Ja, auch die ach so harten Punks haben Helden, für die sie ganz mädchenhaft schwärmen.

Über Freunde lernte ich obskure Bands wie die Residents kennen, und wir fuhren regelmäßig nach Holland, um in Amsterdam oder Nijmegen Konzerte zu besuchen, von denen Deutschland damals nur träumen konnte. Kein Weg war uns zu weit, wenn es darum ging, jemanden zu sehen, von dem wir mitten in der Nacht in BFBS-Radiosendungen aus England gehört hatten – und sei es auch nur, um ein

Jahr später, wenn es die Band nach Deutschland geschafft hatte, lässig sagen zu können: »Och, die habe ich letztes Jahr schon im ›Paradiso‹ in Amsterdam gesehen.«
An den Wochenenden quetschten wir uns zu fünft oder sechst in ein Auto und fuhren sonstwohin in die Disco – in der Nähe von Recklinghausen, meiner Heimatstadt, gab es keinen Laden, in dem wir gesehen werden wollten. Dann eröffnete die Zeche und damit ein Ort, an dem wir uns wohl fühlten, denn es gab Platz für alle: Rocker, Yuppies, Punks – und der Discjockey war demokratisch genug, für jede der Gruppen reihum im Stundentakt die passende Musik zu spielen.
Jedes Wochenende pilgerten wir dorthin, meist erst weit nach Mitternacht, denn vorher in der Disco aufzutauchen war bei uns derart verpönt, dass man sich damit ratzfatz den Ruf versauen konnte.
Über zwanzig Konzerte fanden in der Zeche durchschnittlich pro Monat statt, es gab eine Disco/Konzerthalle, eine große Kneipe, im ersten Stock ein Restaurant und kleines Café, noch eine Treppe höher die Cocktailbar mit Dachterrasse, eine kuschelige, schwarz gestrichene Höhle, in der ich später gern nach Feierabend einen hochprozentigen Absacker trank.
Eben noch hatte ich geaplträumt, aus Geldmangel mein Leben lang in meinem Elternhaus wohnen zu müssen, im nächsten Moment fragte eine Freundin, ob ich Lust hätte, in diesem neuen Laden in Bochum zu arbeiten und mit ihr eine Wohnung zu teilen. Wie bitte – die Frage konnte nur rein rhetorisch gemeint sein. In diesem Laden arbeiten, in dem ich jedes Wochenende rumhänge?
Hat der Papst einen lustigen Hut auf?
Ist Milch weiß?

Ist Laub grün?
Ja!
Zwei Wochen später war ich umgezogen, und mein neues, wildes Leben konnte beginnen. Wie wild es werden und dass ich erst knapp zehn Jahre später wieder zur Besinnung kommen würde, wusste ich damals natürlich noch nicht. Für mich zählten nur zwei Dinge:
Ich war dem wachsamen Auge der Eltern entronnen und konnte endlich machen, was ich wollte. Und ich hatte einen Job in der Zeche, dem angesagtesten Laden im Ruhrpott.
Ein Traum, dort arbeiten zu dürfen!
Konnte es Cooleres geben?
Außerdem: Konnte man diesen Traumjob wirklich als Arbeit empfinden? Arbeit, das war Langeweile, Büroalltag, früh (viel zu früh!) aufstehen müssen – ein vermeintliches Korsett, in das ich mich keinesfalls zwingen lassen wollte. Ich wollte anders leben, wollte Spaß haben, kreative und künstlerisch begabte Menschen treffen.
Erste Erfahrungen mit Künstlern hatte ich im Mai 1979 gesammelt, als in Recklinghausen das »Festival of Fools« stattfand, als Gegenveranstaltung zu den ach so kommerziellen Ruhrfestspielen. Ich gehörte zu den vielen Helfern, die – selbstverständlich ehrenamtlich – tätig waren, um das nicht-kommerzielle Konzept der Veranstalter zu unterstützen. Alles, was in der damaligen internationalen Comedyszene Rang und Namen hatte, war dabei. Allen voran der begnadete Clown Jango Edwards, der sich auch gern mal nackt auf die Bühne stellte, mit nach hinten geklemmtem Schniedel und metallicblau gefärbtem Schamhaar, die Hüften kreisen ließ und »Welcome to rotation« gurrte, was das Publikum kreischend zusammenbrechen ließ. Ich weiß

nicht mehr, worum es in der Nummer ging, aber der Mann war (und ist) saukomisch.
Unvergessen die rauschende Abschlussparty für alle Künstler und ehrenamtlichen Helfer. Als Hinweis nur so viel: Die meisten der Künstler – egal, welcher Nationalität – hatten ihren Wohnsitz in Amsterdam, und es gab auf der Party Gebäck in allerlei Variationen, das, nun ja, ein wenig angereichert war und ausgesprochen fröhlich und entspannt zugleich machte. Allerdings gab es auch ganz normalen Schokoladenkuchen, und ich brachte ein Stück davon meinem besten Freund, der mich auf die Party begleitet hatte. »Da sind pro Stück mindestens zwei Gramm Hasch drin«, raunte ich ihm verschwörerisch ins Ohr, und er griff erfreut zu. Bissen für Bissen genoss er den Kuchen, er pickte jeden kleinen Krümel vom Teller. Während der nächsten Stunde hatte ich das große Vergnügen, ihm beim »Stoned-Werden« zuzusehen, und weiß seitdem, dass der Placeboeffekt auch bei Drogen funktionieren kann.

Die überraschende Anfrage der Freundin verhalf mir also nicht nur zu einem Job, der es mir ermöglichte, endlich zu Hause auszuziehen, sondern verschaffte mir auch die passende Wohnung zum neuen, wilden Leben. Fünfundsiebzig Quadratmeter Altbau mit Kohleofen, spottbillig. Mit einer Matratze und ein paar Kartons Kleidung zog ich ein und blieb dort bis 2009 wohnen.
Für meine Mitbewohnerin muss ich der reinste Horror gewesen sein. Ich war wie ein Kleinkind, das in einem Süßigkeitenladen allein gelassen wird. Ich wollte in den Tag hinein leben, lange schlafen, feiern – aber dass ein Haushalt gewisse Pflichten mitbringt, war mir neu. Nicht, dass ich nicht auch im Elternhaus meine Aufgaben zu er-

ledigen gehabt hätte – aber ohne die mütterliche Peitsche im Nacken machte ich freiwillig keinen Handschlag. Wollmäuse in den Zimmerecken störten mich nicht, geputzte Fenster fand ich uncool, und solange noch eine saubere Tasse im Schrank stand, empfand ich Spülen als reine Zeitverschwendung. Geputzt habe ich nur, wenn ich dazu aufgefordert wurde – umso lieber hatte ich die Bude voll.
Natürlich war mein neuer Standort in Bochum besonders attraktiv für meine alten Freunde aus Recklinghausen, schließlich konnte man bei mir prima »vorglühen«, bevor es später in der Nacht in die Zeche ging. Die Autos wurden bis unters Dach mit Leuten vollgestopft, und die bedauernswerten Fahrer, die nüchtern bleiben mussten, kutschierten uns in die Disco.
Anfangs hatte ich nur zwei Schichten pro Woche, also blieben fünf Tage, um ordentlich Gas zu geben. Ständig hatte ich Besuch, und wäre ich damals auch nur eine Spur erwachsener gewesen, hätte ich begriffen, dass viele Leute auch viel Dreck machen und es meine Aufgabe war, hinterher wieder für Ordnung zu sorgen.
Natürlich war ich auch viel zu blauäugig, um zu realisieren, dass ich mich auf einen echt harten Job eingelassen hatte. Ich dachte nur an die vielen Konzerte, für die ich nun keinen Eintritt mehr zahlen musste.
Ein paar Wochen lang arbeitete ich mittwochs in der Küche und kellnerte freitags im Restaurant. Zuweilen neigte ich allerdings den oft reichlich angeheiterten Gästen gegenüber zu dezenter Ungeduld, und ich kam mit meinem Chef überein, dass ich in der Küche besser aufgehoben war als im Service. Hinter den Kulissen spielte meine Laune keine Rolle.
Bis dahin erworbene Fähigkeiten als Köchin: ein Kochkurs

als Dreizehnjährige bei der Volkshochschule Recklinghausen. Ich erinnere mich dunkel an Frikadellen und Kohlrabi in angedickter Sauce. Außerdem konnte ich Kartoffeln und Nudeln kochen. Immerhin.

Die Speisenkarte meiner neuen Wirkungsstätte stellte allerdings keine hohen Ansprüche: zwei Suppen (Tomate und Gulasch, beide aus der Dose), zweierlei Spaghetti (Bolognese und Carbonara), überbackener Toast (Schinken, Hawaii, Thunfisch, Hackfleisch), italienischer Salat (mit Thunfisch aus der Dose und hartgekochtem Ei) und griechischer Salat (Schafskäse und Oliven), Bratkartoffeln mit Spiegelei, Vanilleeis mit heißen Kirschen.

Das hat der größte Idiot nach zwei Stunden drauf, dachte ich und fühlte mich sicher. Zumal die Mittwochsschicht überschaubar war: Die Küche hatte nur bis Mitternacht geöffnet, und wenn kein Konzert stattfand, blieb das Restaurant geschlossen, und es kamen lediglich ein paar Essensbestellungen aus der Kneipe.

Also ahnte ich nichts Böses, als ich zusagte, auch am Wochenende in der Küche zu arbeiten. Nach meiner ersten, circa zwölfstündigen (inklusive Vorbereitung und Aufräumen) Discoschicht war mir allerdings sonnenklar: Das konnte kein menschliches Wesen ohne bionische Implantate dauerhaft aushalten. Ja, der Sechs-Millionen-Dollar-Mann vielleicht oder eines dieser übernatürlichen Wesen mit Cape und Maske, die nach dem Biss eines radioaktiven Hamsters fliegen können und ständig die Menschheit retten.

Unbeschreiblich die Müdigkeit nach zwölf Stunden Hochleistungssport, noch unbeschreiblicher die Schmerzen in den Füßen nach dem einsamen nächtlichen Kampf gegen eine endlos hereinströmende Flut von Essensbons. Wür-

den die Vorräte reichen, oder musste ich mitten in der Nacht neue Bolognese kochen? Hatte ich für die überbackenen Toasts genug Käse vorgeschnitten? Schaffte ich es, zwischendurch Teller und Besteck durch die Spülmaschine zu jagen, oder würde eine der beiden Kellnerinnen mit einem gehetzten »Besteck ist alle! Ich brauche sofort Gabeln!« in der Küchentür stehen, während ich gerade damit beschäftigt war, dreißig Bons abzuarbeiten? Ich bereitete das Essen übrigens nicht nur zu, sondern brachte es auch nach vorne ins Restaurant. Einzige Ausnahme: die Menüs für die Künstler.
Morgens um vier wurden in Kneipe und Restaurant die letzten Bestellungen angenommen, und es gab genug Gäste, die gerade erst heißgelaufen und mehr oder weniger besoffen, bekifft oder sonst was waren, um schnell noch was zwischen die Kiemen zu brauchen.
Morgens um VIER.
Nachdem ich schon zehn oder elf Stunden geackert habe.
Und wenn ich dann endlich die fünfzig Vier-Uhr-Bons abgearbeitet habe – und jedem, der Bratkartoffeln bestellt hat, die Krätze und Schlimmeres an den Hals geflucht habe –, muss die Küche geputzt werden. Blitzblank. Der Chef kontrolliert. Und der Chef zögert nicht, mich nach Feierabend vom Discotresen weg wieder hoch in die Küche zu zerren, um anklagend auf einen Krümel auf der Arbeitsplatte zu zeigen.
Manchmal zweifelte ich stark an meiner Zurechnungsfähigkeit in dem Moment, als ich diesen Job angenommen hatte. Natürlich war die Arbeit irgendwie zu schaffen, aber manchmal ... mitten während einer Schicht ... ja, da hätte ich mich am liebsten weinend in eine Ecke gehockt und nach meiner Mama gerufen, weil ich nicht mehr weiter-

wusste. Ich könnte jetzt behaupten, dass ich unheimlich taff bin und mir beweisen wollte, dass ich das schaffen konnte. So wie Bergsteiger sich selbst und der staunenden Welt immer wieder beweisen müssen, dass sie irgendwelche Achttausender ohne Sauerstoffmaske schaffen. Dass ich strategisch und GSG-9-mäßig die Küche eingenommen und bezwungen habe, weil ich den Ehrgeiz hatte, mich nicht unterkriegen zu lassen.

Die Wahrheit ist wenig ehrenvoll: Ich war zu bequem, um mir einen neuen Job zu suchen.

Pures Phlegma.

Außerdem: Sollte ich die neugewonnene Freiheit etwa sofort wieder aufgeben? Den Job, der meine Miete finanzierte und dazu auch noch cool war? Meinen neuen Nimbus als wirklich, wirklich angesagte Person riskieren, bevor ich den Rahm hatte abschöpfen können?

Nur über meine Leiche.

KAPITEL 2

Anfang der achtziger Jahre konnte man nicht einfach den Fernseher einschalten, wenn man Musikclips oder Konzerte sehen wollte, denn Sender wie MTV oder VIVA gab es noch nicht.

Erst 1987 startete in London MTV Europe (englischsprachig), MTV Germany folgte 1991. Bis zu dem Zeitpunkt war der WDR-Rockpalast dafür zuständig, die Musikfans in Deutschland mit Futter zu versorgen. Das erste jemals vom Rockpalast aufgezeichnete Konzert war 1976 ein Auftritt der legendären deutschen Rockband Guru Guru, und heute gibt es kaum internationale Künstler von Rang, die noch nicht auf einer Bühne unter dem riesigen Rockpalast-Neonlogo gespielt hätten.

Natürlich bot sich auch die Zeche für Konzertaufzeichnungen an. Der Laden war überregional bekannt und hatte einen exzellenten Ruf, und die Halle mit ihrem Fassungsvermögen von circa achthundert Leuten war perfekt für sogenannte Clubkonzerte, die atmosphärisch viel eindrucksvoller waren als Konzerte in großen Stadien, denn die auftretenden Künstler schätzten die Nähe zum Publikum.

Zwischen 1983 und 1985 war das Rockpalast-Team viermal für jeweils acht bis elf Tage zu Gast, um Konzerte zu filmen, die dann später im Fernsehen gezeigt wurden. Dutzende Techniker und Helfer, Redakteure, Moderatoren und nicht zuletzt die auftretenden Bands bevölkerten von morgens bis nachts die Räumlichkeiten. Das Restaurant wurde zum Backstage-Bereich erklärt und für das Publikum geschlossen.

Für die Küche bedeutete das Öffnungszeiten von morgens acht Uhr an – mit offenem Ende. Die Zeche wollte sich nicht lumpen lassen und war bestrebt, sich als guter Gastgeber zu präsentieren, und so hieß es für das Personal in Restaurant und Küche: Dienst schieben, bis niemand mehr etwas essen wollte. Das konnte leider auch bedeuten, dass irgendein Redakteur, der kein Ende fand, morgens um drei unbedingt noch einen Salat oder einen überbackenen Toast brauchte.

Die Technik-Crew des WDR fand uns derart super und fühlte sich bei uns derart wohl, dass die Jungs das Hotelfrühstück links liegen ließen und sich stattdessen bei uns ins Restaurant hockten, um meinen leckeren strammen Max zu essen.

Wissen alle, was ein strammer Max ist? Eine Schnitte Brot wird mit rohem oder gekochtem Schinken belegt, darauf kommt ein Spiegelei.

Klingt unkompliziert, richtig?

Ist es eigentlich auch – allerdings nicht, wenn dreißig Leute gleichzeitig bestellen, jeder drei Spiegeleier will, der Herd belegt ist mit Töpfen, in denen für den gesamten Tag vorgekocht wird (Spaghetti, Kartoffeln, Bolognese-Sauce etc.), und die Jungs nur eine knappe Stunde Zeit bis zu ihrem Schichtbeginn haben. Was als Kompliment für uns gedacht war, führte bei mir je nach Tagesform entweder zu Tobsuchtsanfällen oder zu tiefster Verzweiflung, denn die

Zeit, die ich morgens dadurch verlor, konnte ich den ganzen Tag über nicht mehr aufholen.
Du hättest ja früher anfangen können, mögen Sie anmerken.
Guter Plan.
Dazu ist zu sagen, dass man sich meine Arbeit nicht so vorstellen darf, dass ich von Dutzenden kleinen Helferlein umschwirrt wurde, an die ich lästige Arbeiten delegieren konnte. Nein, meine Chefs sparten fleißig am Personal, und ich stand alleine in der Küche – zumindest beim ersten Besuch der Rockpalast-Meute. Ich hatte also irgendwann in den frühen Morgenstunden Feierabend, und schon der erneute Schichtbeginn um acht Uhr war kaum zu schaffen. Noch früher anfangen – wie sollte das funktionieren? Die einzige Möglichkeit wäre gewesen, im Nebenraum der Küche ein Bett aufzustellen und mir dann – wie ein Bereitschaftsarzt – immer mal zwischendurch ein Mini-Schläfchen zu gönnen, bis der Piepser wieder losging.
Im Gegensatz zu anderen Konzertveranstaltungen gab es bei Rockpalast-Aufzeichnungen zwischendurch für die Küche keine planbaren Ruhephasen, denn irgendwer hatte immer gerade Hunger. Bei normalen Konzertveranstaltungen mit einer Band war vorher Rummel, dann zwei Stunden einigermaßen Ruhe, dann der Ansturm nach der letzten Zugabe. In der Zwischenzeit konnte ich aufräumen, eine Zigarette rauchen, einen Schluck trinken, mit den Kollegen Tratsch austauschen.
Nicht so, wenn der WDR im Haus war. Immer wieder kamen Leute aus der Produktion ins Restaurant gerast und brüllten: »Wir haben nur eine halbe Stunde Pause, wir müssen schnell was essen!« Während die Beleuchter das

Licht einrichteten, hatte vielleicht die Kameracrew Pause, und die Redakteure und Moderatoren saßen im Restaurant, solange die Tontechnik den Soundcheck machte. Ja, super, ich hätte auch gern Pause und würde auch gern was essen, ihr verdammten Vampire.

Der Einzige, der jederzeit in der Küche aufkreuzen durfte, um einen Snack zwischendurch zu schnorren, war Alan Bangs, einer der beiden Moderatoren des Rockpalasts – Engländer, höchst attraktiv, smart, unglaublich charmant. Er behandelte den Service und mich mit ausgesuchter Höflichkeit, bedankte sich für jeden kleinen Gefallen, den wir ihm taten (und sei es nur ein schneller Käsetoast zwischendurch), nahm wahr, dass wir uns buchstäblich den lieben langen Tag wie Marathonläufer die Hacken abrannten.

»My God – bist du immer noch im Dienst? Du warst doch heute Morgen schon hier! Du bist ein Roboter, right?«, rief er am ersten Tag aus, nachdem ich ihm vom Salat um elf Uhr morgens bis zu den Spaghetti weit nach Mitternacht jedes Essen zubereitet hatte. Er gewöhnte sich an, mir immer mal zwischendurch ein Getränk in die Küche zu bringen.

Alan Bangs war seit Jahren mein Held, denn er moderierte seit 1975 im Radio den legendären »Nightflight« auf BFBS Germany; bei ihm hörte ich zum Beispiel zum ersten Mal ein Stück von der wunderbaren Punkrock-Ikone Patti Smith. Dass er auch noch klasse aussah und zudem ein lustiger Vogel mit einem schier unerschöpflichen Anekdotenfundus war, gab es als Zugabe. Ich glaube, der Mann hätte nur sagen müssen: »Spring!«, und ich hätte gefragt: »Wie hoch? Oder doch lieber weit?«

Einmal stieß ich, kurz bevor er vor die Kamera musste, im Gang zwischen Küche und Restaurant mit ihm zusammen.

»Warum so ernst, schöner Mann?« - Alan Bangs hat sich in Pose geworfen (und hat die Haare schön).

In einer unwiederholbaren artistischen Meisterleistung manövrierte ich die drei Portionen Spaghetti Carbonara, die ich gerade nach vorne brachte, an ihm vorbei, anstatt sie, wie das Schicksal es eigentlich vorgesehen hatte, auf sein Samtsakko zu kleistern. Mr. Bangs wurde unter seiner zentimeterdicken, pfirsichfarbenen Bühnenschminke schlohweiß und taumelte, »Oh my God, oh my God« stammelnd, gegen die Wand. Dann fing er sich wieder, sagte »We'll have a drink later« und raste weiter zur Bühne, um das Konzert anzumoderieren. Natürlich hatte ich bedauer-

licherweise nicht besonders viel Zeit, mit Alan Bangs ein paar Drinks zu nehmen – schließlich war ich im Dienst. Der zweite Moderator war Albrecht Metzger, der dem Teil der Nation, der alt genug ist, noch durch die unnachahmliche Einleitung seiner Moderationen in Erinnerung sein dürfte: »Dschörmen Tällewischen prautlie prisäntz ...«
Na, klingelt es?

Achtundzwanzig Rockpalast-Konzerte wurden in der Zeche insgesamt aufgezeichnet, an manchen Tagen sogar zwei nacheinander. Die Produktion mietete die Räumlichkeiten und hatte die Künstler im Gepäck – und die Zeche hatte ganz ohne Mühe ein paar Topacts zusätzlich in ihrem sowieso hochkarätigen Programm. Die Leute rissen sich um die Eintrittskarten, denn hier gab es nicht nur ein gutes Konzert, sondern auch die Möglichkeit, von den Kameras erfasst zu werden und ins Fernsehen zu kommen.

Die folgenden Konzerte wurden während der vier Produktionseinheiten aufgezeichnet:

März 1983

- Echo & the Bunnymen – eine New-Wave-Band aus Liverpool, in meinen Augen nicht mehr als eine Boygroup
- John Cale – Ex-Mitglied von Velvet Underground, trat mit Elektropiano als Solokünstler auf
- Nena – muss ich irgendetwas zu Nena erklären? Ich persönlich mochte sie nicht ...
- Piet Klocke und Band (ja, *der* Piet Klocke!) – eine Mischung aus Schauspiel, allen möglichen Musikstilen und absurdem Theater
- Chas & Dave – zwei bärtige Engländer, die in größtenteils völlig unverständlichem Cockney-Dialekt lustige Lieder schmetterten

- Danny Adler – an den ich mich leider überhaupt nicht erinnere
- Gang of Four – wunderbar donnernde, politische Post-Punk-Helden aus dem englischen Leeds

Oktober 1983
- Chris Rea – britischer Sänger, Gitarrist und Komponist, den ich unglaublich langweilig fand
- Level 42 – britische Funk-Band – uaaaaah ...
- Téléphone – eine französische Rockband mit Punk-Einflüssen
- PiL (Public Image Ltd.) – dazu später ausführlich ...
- Jack Bruce – schottische Rock-, Blues- und Jazzgröße plus Band

November 1984
- Loudon Wainwright III – amerikanischer Singer/Songwriter und Schauspieler
- Dissidenten – eine deutsche Indierock-Band, die durch die Welt zog und mit indischen, afrikanischen oder asiatischen Musikern LPs aufnahm. Die grandiose »Sahara Electric« von 1983 besitze ich heute noch.
- Nazareth – großartige schottische Hardrock-Band, 1968 gegründet. Ihre Ballade »Love Hurts« ist bis heute ein echter Heuler.
- Rodgau Monotones – »Erbarme! Zu spät! Die Hesse komme!« (Dem habe ich rein gar nichts hinzuzufügen. Den Lesern sei an dieser Stelle versichert, dass ich es selbstverständlich respektiere, wenn jemand diese Band gut findet.)
- George Kranz – deutscher Produzent, Songschreiber und Komponist, hatte meines Wissens nur einen Hit: »Din Daa Daa – Der Trommeltanz«

- Dr. John – Ikone des Psychedelic Rock aus New Orleans, begnadeter Pianist und Gitarrist
- Ace Cats – deutsche Rockabilly-Band
- Herbert Grönemeyer – Heimspiel in Bochum

September/Oktober 1985
- Luther Allison – US-amerikanischer Bluesgitarrist
- Alex Oriental Experience – und noch einmal World Music, diesmal ein Projekt des Kölner Gitarristen Alex Wiska
- Ulla Meinecke – gilt als Vertreterin des deutschsprachigen Chansons. Von mir aus …
- Billy Bragg – eine Bühne und eine elektrische Gitarre, das war alles, was er brauchte, um sein Publikum mit seinen Pop/Funk/Rock/Punk-Songs wegzublasen. Super!
- Unknown Gender – Frauenband aus New York (No Wave/Post Punk)
- Lisa Dalbello – oooh, die wunderbare, wilde, exotische Lisa Dalbello, tolle Stimme und ein Orkan auf der Bühne. Sie ist Kanadierin und macht Alternative Rock.
- R.E.M. – damals noch ein Geheimtipp aus den amerikanischen Südstaaten, heute Ikonen
- Penguin Cafe Orchestra – loser Zusammenschluss von Musikern um den britischen Gitarristen Simon Jeffes. Mal wildeste Folkmusic, mal reduziertester Minimalismus à la Philip Glass.

Ist das nicht eine verrückte Mischung? Alte Helden, neue Stars, One-Hit-Wonders, die einen fackelten ein Riesenfeuerwerk ab, andere standen nur mit ihrer Gitarre auf der Bühne. Einer war dabei, dessen Auftritt ich unbedingt sehen musste, kostete es, was es wollte: John Lydon, Sänger von PiL.

»John Lydon? Nie gehört!«, mögen Sie jetzt sagen.
Nun, vielleicht kennen Sie ihn unter seinem Künstlernamen Johnny Rotten. Oder Sie haben zumindest von der legendären Punk-Band gehört, deren Frontmann er vorher war, den Sex Pistols.

Johnny Rotten, the Pope of Punk - zum Greifen nah!

Nicht jedem war damals klar, dass dieser John Lydon in gewissen Kreisen geradezu als Gott verehrt wurde und seine Jünger nur zu gern bereit waren, Hunderte von Kilometern zu pilgern, um ihrem Idol zu huldigen. Die Zeche jedenfalls hatte die Zugkraft dieses Mannes dramatisch unterschätzt, sonst hätte man bestimmt einen oder zwei Ordner mehr angeheuert.

Oder ein paar hundert Ordner mehr, was angemessen gewesen wäre.

Aus ganz Europa kamen sie angereist, um IHN zu sehen – natürlich vergebens. Das Konzert war schon lange vorher ausverkauft, und keiner der Schweden, Engländer oder Ungarn hatte auch nur den Hauch einer Chance, in die Halle zu gelangen. Die Zeche lag auf einem großen Gelände, von der Straße aus über eine abschüssige Einfahrt zu erreichen. Rechts von der Einfahrt war ein Parkplatz, links davon befand sich der große Gebäudekomplex, dahinter ein weiterer, großer Parkplatz. Bis man auf die Idee kam, das Gelände schon an der Straße abzusperren, war die Zeche längst von wütenden und enttäuschten Punks umzingelt, und es flogen Steine, Bierflaschen und allerlei anderes, was sich werfen ließ (lassen Sie Ihrer Phantasie ruhig freien Lauf!). Die Polizei wurde alarmiert, Straßensperren wurden errichtet, und wie mir berichtet wurde, kam vom Vordach der Zeche aus schließlich ein Wasserwerfer zum Einsatz. Vielleicht war es auch nur ein dicker Feuerwehrschlauch, der als Wasserwerfer benutzt wurde, ich kann es nicht mit Bestimmtheit sagen. Da ich in der Küche festsaß, wurde ich nur durch unsere aufgeregten Ordner mit Informationen versorgt.

Während draußen die Schlacht tobte, hielt der Grund für dieses Chaos im Restaurant Hof. Von Angesicht zu Angesicht verwandelte sich mein Punk-Held in ein kleines, schmächtiges, blasses, rothaariges, ziemlich hässliches Männlein (nein, ich rede nicht von Mick Hucknall, dem Simply-Red-Sänger, ich sagte »schmächtig«, nicht »pummelig«). John Lydon kauerte geduckt auf seinem Stuhl, und seine Körperhaltung erinnerte mich frappant an die von Nosferatu in Murnaus Film von 1922. Bedauerlicher-

weise befanden wir uns aber nicht in einem Stummfilm: Lydon fand es ungeheuer witzig, unvermittelt schrille Schreie auszustoßen, bevorzugt dann, wenn gerade eine Kellnerin mit vollem Tablett an ihm vorbeilief. Erschreckte sich jemand sichtbar, folgte meckerndes Gelächter. Nun gut, der Gast ist König.
Lydon hatte einen dicken schwarzen Edding bei sich, mit dem er überall die Worte »toilet, toilet, toilet« hinschmierte, fragen Sie mich nicht, warum. Vermutlich wusste er es selbst nicht. Ich kam damals auch nicht auf die Idee, mir einen der beschrifteten Stühle als Souvenir zu sichern. Oder mir von allen Künstlern, die ich bekochte, Autogramme zu holen – diese Form des Sammelns irgendwelcher Memorabilia war und ist mir fremd. Hätte ich es getan, besäße ich heute ein dickes Buch voll mit »Thanx to Brenda – the best cook ever«.
Noch heute werde ich übrigens gelb vor Neid, wenn ich daran denke, dass Lydon meiner Mitbewohnerin (und Kellnerin an jenem Tag) ein anerkennendes »Nice haircut!« hinterherquäkte. Wenn das kein Ritterschlag war! Klar, der Typ hatte eindeutig einen an der Waffel und war hässlich wie die Nacht, aber nicht vergessen: Er war JOHNNY ROTTEN! Und wenn Johnny Rotten meine Haare schön gefunden hätte, wäre ich vor Stolz geplatzt. Damals waren komplizierte, einrasierte Muster im millimeterkurzen Haar noch etwas völlig Neues, und mein in stundenlanger Feinarbeit des Friseurs entstandenes Muster zum dezenten Irokesenschnitt wurde leider von den Bügeln meiner Brille verdeckt. Schade eigentlich.
Beim nachmittäglichen Probedurchlauf des Konzerts stahl ich mich aus der Küche und setzte mich auf die Empore der Konzerthalle. Ich wurde Zeugin einer phantastischen

Metamorphose: Der kleine, hässliche Nosferatu verwandelte sich in eine Bühnenpersönlichkeit, wie ich selten eine gesehen hatte. Mit angehaltenem Atem und offenem Mund sah und hörte ich live, warum dieser Mann derart angebetet wurde. Er hatte (und hat noch immer) diese schneidende, durchdringende Stimme, er tobte über die Bühne wie entfesselt, schien diese Musik mit jeder Faser seines Körpers zu leben. Ich war buchstäblich hypnotisiert – bis ich von einem Kollegen aus meiner Verzauberung gerissen wurde, denn in der Küche wartete jede Menge Arbeit auf mich.

Schon Wochen vorher hatte ich organisiert, dass ich in der Küche abgelöst wurde, damit ich abends das Konzert sehen konnte. Ich hatte mir für den Anlass sündhaft teure Schuhe gekauft: vorne extra spitz, knöchelhoch und aus königsblauem, weichem Leder – war ich stolz! Solche Schuhe gab es in einem Laden in Bochum, der coole Punk-Mode aus London importierte. Mein schwarzes, benietetes Outfit und die Stiefelchen hatte ich in einer Reisetasche mit zur Arbeit genommen. Als meine Ablösung auftauchte, flitzte ich in die Damentoilette, um mich von einer Küchenfee ganz in Weiß (von den Tomatensuppenflecken auf T-Shirt und Schürze mal abgesehen) in eine düstere Punkhexe (von den knallblauen Schuhen mal abgesehen) mit dickem Lidstrich und hochtoupiertem Irokesen zu verwandeln. Unten in der Kneipe warteten Freunde, die ebenfalls ins Konzert wollten.

Die Halle war knüppelvoll, und es lag Elektrizität in der Luft. Die Leute standen so eng beieinander, dass keine Briefmarke mehr dazwischengepasst hätte. Wir waren irgendwo mittendrin, ich kriegte kaum noch Luft, und endlich ging es los. Die Band begann, und mit dem ersten Ton geriet das Publikum kollektiv in Raserei, wogte und pogte und drängte Richtung Bühne. Sieben Sekunden nach Konzertbeginn hatte ich ein blaues Auge – passend zu meinen Schuhen, die allerdings auch bereits das Zeitliche gesegnet hatten. Offenbar hatte mein Vordermann mit seinen Absätzen auf den leicht vorstehenden Sohlen meiner Spitzpuschen gestanden, als er mir seinen Ellbogen ins Gesicht rammte, und während ich rudernd nach hinten kippte, rissen beide Sohlen bis zu den Absätzen ab.

Das war selbst mir zu heftig, und ich boxte, trat und schubste mir den Weg aus der Halle frei. Da ich die Einzige war, die in diese unpopuläre Richtung wollte, dauerte mein ungeordneter Rückzug aus dem Nahkampfgebiet einige Zeit, aber schließlich hatte ich es geschafft – mit verrutschter Frisur und derangierter Kleidung. Mein sorgfältig toupierter Iro hing wie eine Poppertolle seitlich vor meinem Gesicht. Egal. Ich konnte das Konzert trotzdem weiterverfolgen, über die Monitore in der Regie, die sich in einem der Büros neben der Küche eingerichtet hatte.

Hinterher ging ich wieder in die Halle, um meine Freunde zu suchen, die – wie viele andere auch – blutig, orientierungslos und völlig erschöpft herumirrten. Aber alle hatten eines gemeinsam: diesen seligen Gesichtsausdruck von Menschen, die ein geradezu religiöses Erlebnis gehabt hatten. Ich sammelte meine Freunde einen nach dem anderen ein und parkte sie in der Kneipe, bis wir vollständig waren. Wir fuhren zu mir, und ich kochte erst einmal einen starken, schwarzen Tee, um die Lebensgeister meiner Jungs wieder zu wecken. Der Rest der Nacht wurde von einem Thema beherrscht: Johnny Rotten.

Ein denkwürdiger Tag.

»Unser« Herbert – damals Geheimtipp, heute Weltstar

42

Eine Besonderheit unter den Rockpalast-Konzerten war das Grönemeyer-Konzert am 16. November 1984, das live im Fernsehen übertragen wurde. Alle anderen Konzerte wurden aufgezeichnet und irgendwann später gesendet, unterlagen also nicht einem derart strengen, minutiös einzuhaltendem Zeitplan. Blöderweise war es ein Freitag (also ein Discotag), und das Konzert begann erst um 23 Uhr. Selten zuvor und selten danach habe ich die Zeche derart brechend voll erlebt. In der Kneipe – Restaurant, Bar und Café waren ja gesperrt – drängten sich nicht nur die Konzertbesucher, sondern auch die Leute, die später in die Disco wollten. Die konnte aber erst beginnen, wenn das Konzert vorbei und das gesamte Equipment abgebaut war, mindestens fünf Stunden später als normal. Schon lange vor Konzertbeginn war definitiv kein Durchkommen mehr, auch für das Personal nicht. Für mich ein Glück, denn es war sinnlos, etwas zu essen zu bestellen – allein Spiderman hätte es vielleicht geschafft, das Essen von der Küche hinunter in die Kneipe zu bringen.

Herbert Grönemeyer war mit der Zeche immer eng verbunden – und umgekehrt. Der Text für seinen Song »Currywurst« (»Gehsse inne Stadt, wat macht dich da satt – 'ne Currywurst«) stammt zum Beispiel nicht von Herbert selbst, sondern von Diether Krebs (ja, *dem* Diether Krebs!) und Horst Krause – und der war einer meiner Chefs! So war es Ehrensache, dass Grönemeyers Bochumer Konzerte immer von der Zeche organisiert wurden, selbst dann noch, als die Zeche längst zu klein geworden war und er im Stadion auftrat.

1984 kam Grönemeyers fünfte LP »4630 Bochum« auf den Markt, was für ihn endgültig den Durchbruch bedeutete. »Männer« war auf dieser Platte (liebe Kinder – damals gab es noch keine CDs!), außerdem »Bochum« und »Flugzeuge im Bauch« – und entsprechend voll war die Zeche an jenem Abend im November 1984. Schon die erste Zeile, die er sang, brachte das Haus zum Toben: »Tief im Westen, wo die Sonne verstaubt ...«, der Beginn seiner in Bochum natürlich über alles geliebten Hymne »Bochum«. Dieser Song dröhnt übrigens durch die Katakomben des Fußballstadions, wenn die Spieler des VfL Bochum vor Spielbeginn aufs Feld laufen.

Noch ein Ereignis ist für mich untrennbar mit dem Rockpalast verbunden: mein legendärer Treppensturz um Mitternacht. Ich glaube, es war nach dem Level-42-Konzert im Oktober 1983. Ich hatte die Küche an meine Ablösung übergeben und wusste, vor der Tür wartete bereits ein Taxi auf mich. Ich rannte durchs Restaurant, in der einen Hand meine Tasche, in der anderen eine lange Rolle, die aus großen Bögen Scheinwerferfolie bestand, die mir ein freundlicher Lichttechniker geschenkt hatte (ich wollte damit Lampen bauen). Ich bog nach rechts ab, um die Treppe hinunter in die Kneipe und damit zum Ausgang zu nehmen. Als ich merkte, dass ich mich mit dem Fuß in einem Kabel verfangen hatte, war es bereits zu spät, ich hatte zu viel Speed drauf, um zu stoppen. Also versuchte ich, mich aus der Kabelschlinge zu befreien, indem ich mich im Lauf drehte, was eine besonders geniale Idee war, denn wie lautet die Formel?
Kraft gleich Masse mal Beschleunigung.
Kennt jeder, oder?
Masse war da, Beschleunigung erst recht, und die daraus entstandene Kraft schickte mich rückwärts die circa fünfundzwanzig Stufen hinunter.

RÜCKWÄRTS.
Ich stürzte ins Bodenlose und kam mitten in der Kneipe am Fuß der Treppe zu liegen. Totenstille um mich herum, alles starrte mich entsetzt an. Meine Brille hatte ich unterwegs irgendwo verloren, aber Folienrolle und Tasche hielt ich nach wie vor in der Hand. Ich orientierte mich einen Augenblick (mehrere Salti rückwärts!), dann fiel mir das wartende Taxi ein, und ich sprang auf. Irgendwer brachte mir meine Brille, ich bedankte mich und rannte hinaus.
Erst zu Hause setzte der Schock ein. Hallo – ich war rückwärts diese steile Treppe hinuntergesegelt, und ich frage mich bis heute, warum sich ausgerechnet in diesem Moment niemand außer mir dort aufhielt. Normalerweise herrschte da ein Riesengedränge, Leute strebten hinauf und hinunter, viele saßen auch einfach auf den Stufen. Ich hätte eine Lawine mit mehreren Toten und Schwerverletzten auslösen können!
Der Arzt, den ich am nächsten Morgen aufsuchte, attestierte mir Folgendes: schwere Jochbeinprellung, außerdem zwei riesige Hämatome an Hüfte und Rücken – das waren offenbar die Stellen, mit denen ich auf die Vorderkanten der Stufen geknallt war. Der WDR zahlte mir ein kleines Schmerzensgeld, denn dieser spektakuläre Sturz hätte niemals stattgefunden, wenn die Kabel sachgemäß verlegt gewesen wären.
Tatsache ist, dass ich immer wieder, auch noch Jahre später, auf meinen Stunt angesprochen wurde. »Bist du nicht die Frau, die damals in der Zeche die Treppe runtergefallen ist? Mein Gott, ich dachte, du bist tot!«
Da warst du nicht der Einzige, Baby.

KAPITEL 3

Echte Stars und Möchtegerns
oder
Auf die Knie - ich bin wichtig!

Neben dem normalen Disco- und Konzertbetrieb fanden immer mal wieder besondere Events in der Zeche statt, wie die Verleihung von Goldenen Schallplatten oder Release-Partys, bei denen die Veröffentlichung einer neuen LP gefeiert wurde. Das Restaurant wurde dann von der jeweiligen Plattenfirma gemietet und wir als Personal gleich mit. An den Gastronomiebereich stellte so etwas jeweils besondere Anforderungen. Unsere normale Speisenkarte mit überbackenem Thunfischtoast oder Spaghetti Bolognese konnten wir zu diesen Gelegenheiten getrost vergessen, denn sie genügte den Ansprüchen der illustren Gäste beziehungsweise der jeweiligen Plattenfirma bei weitem nicht.

Stattdessen wurden pompöse, meterlange Buffets aufgebaut, und wir wurden Zeugen, wie sich Menschen aufführen können, wenn es etwas umsonst gibt. Wie ausgehungerte Hyänen stürzten sie sich auf die liebevoll arrangierten Platten, schubsten sich gegenseitig zur Seite und häuften sich die Teller voll, als gälte es, sich für eine Jahrhundert-Hungersnot zu wappnen. Einige beherrschten die ausgefeilte Technik, das Essen zu kompakten Pyramiden aufzuschichten, aus Angst, die Platten und Schüsseln könnten bereits geleert sein, wenn es sie nach Nachschub gelüstete.

Mein Standort war in der Küche, denn ich hatte dafür zu sorgen, dass der Nachschub nicht ausging. Ein Kollege stand am Buffet, tranchierte den extern angelieferten Schinken in Brotteig und verteilte die Scheiben, sonst wären die gefüllten Laibe mit Sicherheit am Stück weggeschleppt worden. Die Service-Mädels waren für die Getränke zuständig und hatten damit alle Hände voll zu tun – wir erinnern uns: Die Plattenfirma zahlte, und alles orderte, als gäbe es kein Morgen. Das Personal schuftete wie verrückt, aber das hielt die besonders Maßlosen unter den Gästen nicht von dem Versuch ab, uns einzuspannen.
Ein klassischer Dialog:
»He, du da!«
»Ja?« Ich lächle freundlich und stelle die frisch nachgefüllte Rohkostplatte auf das Buffet.
Mein Gegenüber balanciert zwei Teller mit Essenspyramiden. Auf einem davon gerät die Kartoffelsalatspitze schon gefährlich ins Rutschen, was vielleicht auch daran liegt, dass es nicht besonders schlau von dem Kerl war, das Fundament aus marinierten Champignons und Gurkensalat zu bauen. Der Gast stellt den Teller ab und stabilisiert die Basis der Pyramide mit Baguettescheiben, die er hochkant gegen die vier Seiten stellt und sorgfältig festklopft. Dann wendet er sich wieder mir zu.
»Mach mir mal einen Teller mit Dessert voll. Ich sitze da hinten.«
Mir doch egal, möchte ich angesichts dieser Frechheit am liebsten erwidern, aber ich bremse mich und erkläre, dass sich jeder am Buffet selbst versorgen darf, ein Service an den Tischen sei nicht vorgesehen. Er dürfe sich auch gern mehrmals bedienen, ja, sogar so oft er wolle, bis er satt sei.
Der Typ starrt mich fassungslos an. »Ich verlange, dass du

mir einen Teller mit Mousse au Chocolat bringst, und zwar sofort!«
Hoppla. Diesen Ton finde ich aber gar nicht nett. Trotzdem bleibe ich freundlich und lehne nochmals ab. »Kein Service an den Tischen, tut mir leid.«
»So eine Unverschämtheit, ich werde mich beschweren!«, werde ich angebrüllt. »Du weißt wohl nicht, wen du vor dir hast?«
»Nein, weiß ich nicht. Wen habe ich denn vor mir?« Ich setze ein interessiertes Gesicht auf, obwohl ich bereits ahne, was kommt.
Mir werden irgendwelche englischen Begriffe ins Gesicht gezischt, die mich wenig beeindrucken. Vermutlich ist der Möchtegern ein gnadenlos unterbezahlter Unter-Assistenten-Praktikumsanwärter beim Kaffeeholer von jemandem, der ein eigenes Büro hat – wie die meisten Eventgäste, die glauben, sich derart aufplustern zu müssen –, und um ihn noch für ein paar Monate gefügig zu halten, durfte er mit auf diese Party. Ich zucke mit den Schultern und buchstabiere meinen Namen, »damit es bei der Beschwerde keine Verwechslung gibt«, wie ich mir noch zu bemerken erlaube, bevor der Kerl wutschnaubend zu seinem Tisch abdampft.
Derlei Szenen haben wir häufig erlebt, aber selbstverständlich nur mit Menschen, die KEINE Entscheidungsträger oder KEINE echten Stars waren. Echte Stars haben es nicht nötig, das Personal des Veranstalters herumzuscheuchen und mit ihren Ansprüchen und Sonderwünschen zu nerven.
Sätze wie: »Ich trinke Bier nur aus Gläsern mit Goldrand, hol mir gefälligst ein anderes Glas«, oder: »Hol mir gefälligst mal Zigaretten«, oder: »Wir haben Millionen Platten

verkauft, behandelt uns gefälligst dementsprechend«, sind nur drei kleine Beispiele. Signifikant hierbei ist nicht nur der unverschämte Tonfall, sondern auch der inflationäre Gebrauch des Wortes »gefälligst«. Gibt es ein Wort, das Herablassung und offensichtlichen Größenwahn stärker ausdrückt? Mir fällt keins ein – was ich im Übrigen nicht schlimm finde, denn andere Menschen zu beleidigen, gehört nicht zu meinen Hobbys.

Übrigens hatten wir derlei Ärger nur mit deutschsprachigen Bands, gern aus dem »alternativen« Segment. Deutscher Rock mit straighten Texten, das fällt mir spontan dazu ein. Offenbar glaubten einige von ihnen, dass ein echter Star sich so aufzuführen hat.

Da war der deutschlehrerhafte, sehr bekannte und beliebte Liedermacher, der das Personal auf Trab hielt und so gemeine Türkenwitze erzählte, dass wir den türkischen Kollegen auswechseln mussten, damit kein Unglück geschah.

Da war die total dufte, frauenbewegte Rockröhre, deren Begleitband sich auf eigene Kosten einen Transporter für die Tour mietete. Die Jungs wollten nicht mit ihr im selben Bandbus fahren, weil sie die divenhaften Allüren und Launen der Sängerin nicht mehr ertrugen.

Da war die österreichische One-Hit-Wonder-Band, deren nervtötenden Song ich bis heute nicht hören kann, ohne wütend zu werden. Die Typen waren derart unverschämt und herablassend, dass wir sie beinahe aus dem Restaurant geprügelt hätten. Die waren das übrigens mit den Millionen verkauften Platten und dem »dementsprechend« behandeln.

Ich weiß bis heute nicht, was ich mir unter »dementsprechend« vorzustellen habe. Rosenblätter streuen, damit

ihre Füße nicht den profanen Boden berühren? Sexuelle Gefälligkeiten zum Dessert? Einen Sänftenservice?
Im Gegensatz dazu waren die echten Stars, die schon seit Jahren oder Jahrzehnten auf der Bühne standen, größtenteils nette, bescheidene Menschen.
Tina Turner zum Beispiel.
Sie startete 1984 gerade ihr Comeback mit dem Album »Private Dancer«. Nach der Trennung von ihrem gewalttätigen Ehemann Ike Ende der siebziger Jahre war es einige Zeit still um sie gewesen, und ihre Karriere schien beendet. Dabei war sie ein echter Weltstar, hatte mit den Rolling Stones getourt und 1975 in der Verfilmung der Rock-Oper »Tommy« von The Who mitgespielt.
Jetzt landete sie mit »What's Love Got to Do with It« einen Welthit und gastierte im Rahmen ihrer Promotiontournee auch in der Zeche Bochum. Eine Frau, die schon riesige Stadien gerockt hatte, fing wieder ganz klein an und spielte in einem Club, in den höchstens neunhundert Leute passten. Trotzdem: keine Arroganz, keine Staralüren und keine Spur von »behandelt mich dementsprechend«. Sie stellte nicht einmal besondere Forderungen, was ihr Essen betraf, sondern kam ganz einfach in die Küche, setzte sich auf unseren Pausenstuhl und fragte freundlich, was man ihr von der Karte empfehlen könne. Sie war damals Mitte vierzig und sah sensationell aus, aber außerhalb der Bühne war sie nicht mehr Tina Turner Superstar, sondern Anna Mae Bullock, aufgewachsen in Nutbush, Tennessee, eine freundliche Lady, die andere Menschen mit Respekt behandelte. (Mittlerweile ist sie siebzig und sieht immer noch sensationell aus!)
Sie entschied sich für Bratkartoffeln mit Speck und Zwiebeln, dazu ein Spiegelei. Dann bedankte sie sich freund-

lich, dass sie den Ablauf der Küche habe stören dürfen, um ihre Wünsche zu besprechen, und ging zurück ins Restaurant. Nach dem Essen brachte sie ihren Teller in die Küche, verteilte Komplimente für die wohlschmeckenden Bratkartoffeln, bedankte sich für den netten Service im Restaurant, winkte noch einmal und verschwand.
Tina Turner war kein Einzelfall. Alle internationalen Bands, besonders Amerikaner und Engländer, behandelten uns mit ausgesuchter Höflichkeit. Oft erzählten sie uns, wie froh sie seien, in einem Laden mit eigener Küche und Restaurant aufzutreten, denn dadurch hätten sie die Möglichkeit, vor oder nach ihrem Konzert in Ruhe zu essen, dabei an einem nett gedeckten Tisch zu sitzen und freundlich bedient zu werden. Wenn sie auf Tournee seien, müssten sie sich oft damit begnügen, in einem ungemütlichen Backstage-Raum zu hocken, lauwarme Pizza aus einem Karton in sich hineinzustopfen oder mit winzigen Plastikgabeln matschige Pommes frites aufzupicken, Fastfood, das oft schon stundenlang herumstand, weil der Soundcheck länger gedauert hatte als geplant. Bei uns bekamen sie ihr Essen frisch und heiß auf den Tisch, und sie konnten mit der Küche den einen oder anderen Wunsch besprechen.
Ich rede hier nicht von absurden, exotischen Wünschen wie Rochenflügelspitzen oder Nachtigallenzungen, sondern zum Beispiel von der Tatsache, dass Michael Stipe, der Sänger von R.E.M., Vegetarier (oder sogar Veganer?) ist und mir natürlich gern mitteilen wollte, welche Zutaten deshalb für seine Spaghettisauce tabu waren.
Stipes Besuch in der Küche war übrigens eine ziemlich lustige Begebenheit, denn ich hatte mit ihm bereits alles zur beiderseitigen Zufriedenheit geklärt, als der junge, ein-

Wild, wilder, Tina Turner ... aber backstage die nette Anna Mae Bullock aus Nutbush, Tennessee

deutig übermotivierte Tourbegleiter in die Küche gestürmt kam, mich mit seinem Schützling sprechen sah und sich sofort dazwischenwarf. Schließlich gehörte zu seiner Arbeitsplatzbeschreibung, dass er der Verbindungsmann zwischen Band und Veranstalter war, und irgendwie schien er zu glauben, dass ich ihm seine Daseinsberechtigung streitig machen wollte.
Aufgebracht verlangte er zu wissen, worum es gegangen sei, und ich berichtete brav von der Spaghettisauce für seinen Star. Daraufhin drehte er sich zu Stipe um und teilte ihm auf Englisch mit, ich sei leider nicht in der Lage, seine Wünsche zu erfüllen.
Wie bitte?
Hatte ich mich verhört?
Offensichtlich nicht, denn Stipe sah mich verblüfft an, über seinem Kopf stand ein riesiges Fragezeichen. Ich klärte die Verwirrung schnell auf, und Stipe zog beruhigt von dannen. Der Tourbegleiter setzte noch zu einem Vortrag darüber an, dass ich mich gefälligst (da war es wieder, das beliebte Wort!) nicht in seine Aufgaben zu mischen hätte, aber ich ließ ihn erst gar nicht ausreden und warf ihn aus der Küche.
Er versuchte, sich aufzuplustern, aber damit kam er bei mir nicht weit. Die Küche war mein Hoheitsgebiet, und man tat gut daran, sich auf meinem Territorium nicht mit mir anzulegen, sonst bekam man Küchenverbot.
Eigentlich hatte ich sogar ein wenig Mitleid mit ihm, denn der Job des Tourbegleiters ist kein Zuckerschlecken und bei weitem nicht so rockstarmäßig, wie es sich anhört.
Ich habe das in den Achtzigern mal vier Tage lang für einen Freund gemacht, der Konzerte veranstaltete, und war mit

einer englisch-holländischen Band unterwegs. Man ist nichts weiter als die Supernanny. Zum Beispiel steht man morgens als Erster auf, um die Schäfchen einzusammeln – und wehe, sie sind nach dem Konzert noch feiern gewesen ... in einer fremden Stadt ... mit irgendwelchen Groupies. Und dann wachen sie am nächsten Morgen irgendwo auf und haben keine Ahnung, wo sie sind. Das war durchaus aufregend, denn es gab damals natürlich noch keine Handys. Da konnte man nur beten, dass der Zettel mit der Telefonnummer des Hotels nicht verloren gegangen war ...
Der Tourbegleiter muss dafür sorgen, dass alle Musiker pünktlich zum Soundcheck erscheinen, später vollzählig und möglichst nüchtern auf der Bühne stehen und am nächsten Tag im Bandbus sitzen, damit sie zum nächsten Konzert nicht zu spät kommen.
»Haben alle ihre Pässe dabei? Waren alle noch mal auf dem Klo? Nichts im Hotelzimmer vergessen?«
Ist manchmal exakt so unsexy, wie es sich gerade anhört. Man hat die Verantwortung für diese Bande, die im Zweifel noch ziemlich jung ist und die Landessprache nicht spricht. Und wie ein Lehrer auf einer Klassenfahrt tut man gut daran, seine Pappenheimer keinen Moment aus den Augen zu lassen. Ein Tourbegleiter hat dann Pause, wenn die Band auf der Bühne steht – es sei denn, es gibt mit dem Veranstalter einen Deal, der das Eintrittsgeld beinhaltet. In dem Fall steht man an der Kasse und passt auf, dass hinterher alles korrekt abgerechnet wird und niemand ohne zu zahlen ins Konzert kommt, der nicht auf der Gästeliste steht.
Man ist dauernd unterwegs, denn eine große Tournee kann für einen Profi-Tourbegleiter ein paar Monate dau-

ern. Schlaf gibt es nur wenige Stunden pro Nacht – wenn überhaupt.
Ich hatte jedenfalls schon nach vier Tagen kreuz und quer durch Deutschland die Nase voll und beendete meine Tourbegleiter-Karriere, bevor sie richtig begonnen hatte.

KAPITEL 4

Leben in der Partyzone
oder
Äääääh ... welcher Tag ist heute?

Ist es möglich, acht oder neun Jahre lang keine anderen Prioritäten zu haben, als fast ausschließlich nachts zu leben, zu arbeiten und zu feiern?
Ja, ist es.
Und: Ist es möglich, den Absprung aus der Partyzone zu schaffen, so dass man nicht noch mit über vierzig in irgendwelchen Szeneläden arbeitet?
Ja, ist es. Aber es ist nicht leicht.
Das allerwichtigste Accessoire zum (Über-)Leben in der Partyzone ist definitiv ein lichtdichter Vorhang am Schlafzimmerfenster, besonders dann, wenn es wie bei mir nach Süden geht. Selbst wenn man knapp bei Kasse ist (und das war ich eigentlich immer, weil ich mein Geld stets mit vollen Händen ausgab), sollte man die recht hohe Investition in einen ordentlichen, schweren Stoff nicht scheuen, denn sie zahlt sich von der ersten Sekunde an aus. Oder besser gesagt, von jedem Aufwachen an, das nicht mit bohrenden Kopfschmerzen einhergeht. Nach einer harten Nacht will das Gehirn behutsam an den Wachzustand herangeführt werden.
Sehr behutsam.
Deshalb von elementarer Bedeutung: Beim Schlafengehen gegen vier Uhr morgens gerade im Sommer niemals, nie-

mals, niemals vergessen, diesen Vorhang ganz fest zu schließen, denn sonst wird man nach höchstens einer Stunde Schlaf von einem Lichtstrahl geweckt, der sich direkt ins Hirn bohrt und heftigste Kopfschmerzen auslöst, die auch mit mehreren Klinikpackungen Aspirin nicht zu bekämpfen sind.

Alternative: eine Schlafbrille, aber damals waren die Dinger nicht so verbreitet wie heutzutage. Außerdem hätte man zu deren Erwerb eine Douglas-Filiale betreten müssen, und die angeekelt-panischen Blicke dieser Parfümeriefeen im Glitzer- und Pastell-Look der Achtziger, die angesichts einer abgerissen-schwarz gewandeten Gestalt reflexartig nach dem Alarmknopf unter dem Verkaufstresen tasteten, waren wirklich nicht leicht zu ertragen. Und wer wollte sich schon mit einer vor Schreck zitternden, blondgetönten Föhnwelle in rosa Karottenhose streiten, die mit einem letzten, verzweifelten Aufbäumen von Arroganz hervorbrachte: »Ich möchte Sie bitten, dieses Geschäft zu verlassen.«

Ich jedenfalls nicht.

Gehen wir also davon aus, dass die Vorhänge ordnungsgemäß geschlossen sind und die Zechenköchin höchstens dreißig Mal die Schlummertaste ihres Weckers bemüht hat, bevor sie endlich bereit ist, sich aus den schützenden Kissen zu erheben. Mit abgewandtem Blick werden die Gardinen vorsichtig einen kleinen Spalt breit geöffnet, um damit Stufe eins auf dem Weg in den Wachzustand abzuschließen.

Grelles Sonnenlicht flutet in den Raum, und ich wanke stöhnend ins Bad, in der vagen Hoffnung, kaltes Wasser könne das noch immer tief schlafende Gehirn aktivieren. Klappt natürlich nicht.

Also ab in die Küche, die Gott sei Dank nach Norden geht. Es ist circa 13 Uhr, Zeit für einen starken Kaffee und Frühstück. Die Katzen werden begrüßt, außerdem die fachmännisch erhängte Clownspuppe, die vom Sonnenschirm über dem Esstisch baumelt. Ich setze mich in einen der Schwingstühle und schwinge vor mich hin, was überaus beruhigend ist. Damit kann ich durchaus die nächsten zwei Stunden verbringen, während ich mich mental auf den Rest des Tages vorbereite.
Wenn ich abends arbeite, hängt meine Aufbruchzeit davon ab, ob ein Konzert stattfindet oder nicht. Bei normalem Discobetrieb reicht der Bus gegen fünf, bei einem Konzert muss ich mindestens eine Stunde früher los. Noch immer funktioniert das Gehirn höchstens rudimentär, aber auch im Halbschlaf kann ich alles Nötige erledigen, um einigermaßen manierlich gekleidet das Haus zu verlassen. Vielleicht sah ich nach der Meinung einiger Leute in meinen schwarzen, mehr oder weniger abgerissenen Klamotten aus wie ein Totengräber, aber die Blößen waren bedeckt.
Jetzt beginnt der schwierige Teil des Tages: Ich betrete die feindliche Außenwelt. Ich besitze weder Führerschein noch Auto, und wenn aus meinem Freundeskreis kein Chauffeur zur Verfügung steht, muss ich öffentliche Verkehrsmittel benutzen. Ich habe dann immer Walkman und Buch dabei, denn es dauert eine knappe Stunde, bis der Bus quer durch Bochum bis zur Zeche gezockelt ist.
Für mich ist es egal, welcher Wochentag ist, denn ich muss ja nicht morgens früh ausgeschlafen und fit an irgendeinem Schreibtisch sitzen und funktionieren. Dafür bin ich oft – oder sogar immer – im Dienst, wenn alle anderen feiern: Weihnachten und Silvester, an beinahe sämtlichen Feiertagen, am Wochenende. Ich tröste mich dann oft da-

mit, dass ich Geld verdiene, während die anderen Geld ausgeben.

Wenn ich allerdings keine Schicht habe, steht reines Vergnügen auf dem Programm. Selten habe ich damals einen Abend allein verbracht, denn es gab genügend Leute, die genauso lebten wie ich. Und es gab jede Menge zu tun: herumhängen, quatschen, Musik hören, kiffen, auf ein Konzert oder in eine Kneipe gehen, zusammen kochen (immer Nudeln mit Tomatensauce, IMMER), kurz gesagt: Zeit totschlagen. Das haben wir damals natürlich grundsätzlich anders gesehen, denn wir schmiedeten ständig jede Menge Pläne für eine reichlich diffuse Zukunft im Keine-Ahnung-was-genau-aber-irgendwie-künstlerischen-Bereich. Immerhin waren wir uns einig, dass wir außerhalb unserer arroganten, kleinen Comfort Zone ausschließlich von Idioten umgeben waren, die ihr Leben damit vergeudeten, jeden Morgen zu ihrer langweiligen, unkreativen Arbeit zu trotten. Ja, wir waren schon echte Schlaumeier.

Wir fuhren an die holländische Nordsee, um am Strand Poffertjes zu essen, die deutschen Strände spießig zu finden und im örtlichen Coffieshop Gras zu kaufen, das uns regelmäßig zu Boden haute wie ein Faustschlag von Mike Tyson. Wir saßen dann auf der Terrasse eines dieser riesigen Strandcafés an einem dieser endlosen, weißen Strände und guckten aufs Meer, bis die Sonne unterging. Das Leben hätte nicht schöner sein können.

Oder wir gondelten nach Amsterdam und besuchten den Flohmarkt am Waterlooplein, um Schuhe zu kaufen, die es bei uns frühestens zwei Jahre später geben würde. Vielleicht verbanden wir die kleine Shoppingtour auch mit einem Konzertbesuch im Paradiso oder im Melkweg, na-

türlich nicht, ohne vorher den örtlichen Coffieshop ... Sie wissen schon.
Wenn es nichts zu unternehmen gab, fand die Party eben in meiner Wohnung statt, in der ich nach dem Wegzug meiner Mitbewohnerin allein hauste. Ich erinnere mich lebhaft an einen Freitagabend, wir waren insgesamt neun Leute, die sich in Dreiergruppen auf drei Räume verteilten. Drei Leute saßen in der Küche vor dem Fernseher, tranken größere Mengen Bier und sahen den nervenzerfetzenden Horrorschocker »The Fog – Nebel des Grauens«, drei weitere hatten irgendwelche Trips genommen und waren in ihrer ganz eigenen Welt unterwegs, und drei (zu denen ich gehörte) saßen im Wohnzimmer, hörten Musik und rauchten einen Joint nach dem anderen. Ab und zu drangen aus der dunklen Küche schrille Entsetzensschreie (dann wussten wir, einem der drei Kerle, die, ganz im Bann des Films, starr vor Schrecken auf die Mattscheibe stierten, war mal wieder eine Katze auf den Schoß gesprungen) – »Waaaaah!« – gefolgt von wortreichem Fluchen, dass die »blöden Mistviecher« sich geräuschlos anschlichen, während auf dem Bildschirm untote Seeleute ihr grauenvolles Gemetzel anrichteten. Ich habe den Film übrigens bis heute kein einziges Mal bis zum Schluss gesehen, der ist mir echt zu gruselig.
Irgendwann erschien einer der drei LSD-Bedröhnten im Wohnzimmer und verkündete, man werde jetzt in die Disco fahren, denn man wolle tanzen wie nie zuvor und sehen, welche Farben die Musik mache. Bitte schön, viel Spaß, wir sehen uns dann später. Nun mögen Sie zu Recht anmerken, dass man Leute in diesem Zustand doch unmöglich Auto fahren lassen kann. Das haben sie auch nicht getan, denn als wir zwei Stunden später – in unsere be-

nebelten Gehirne war endlich eingedrungen, dass wir kein Auto hatten wegfahren hören – aus dem Fenster sahen, saßen unsere drei Sorgenkinder noch immer im Wagen vor dem Haus und diskutierten aufgeregt miteinander. Ich raffte mich auf und ging zu ihnen hinunter, um sie wieder in die Wohnung zu locken, stieß aber auf erbitterten Widerstand.

»Neiiiiin, wir wollen unbedingt in die Disco, wir müssen tanzen, tanzen, tanzen …!«

»Aber ihr sitzt hier schon seit Stunden«, klärte ich sie auf und nutzte die darauf folgende totale Verwirrung aus, um das kleine Grüppchen zurück ins Haus zu führen und mit warmen Getränken zu versorgen (denn draußen war es winterlich kalt, was sie in ihrem Zustand allerdings nicht bemerkt hatten). Bei einer heißen Tasse Tee wurden wir dann aufgeklärt, dass ihr stark erweiterter Bewusstseinszustand nicht nur dazu geführt habe, dass das Telefon von ganz allein über den Tisch wanderte und einen bunten Kondensstreifen hinter sich herzog, sondern auch, dass man endlich der Formel für die Schaffung des Weltfriedens ein ganzes Stück näher gekommen sei und dass aller Krieg nun ein Ende habe.

»Alle Raketen können abgeschafft werden, wir kennen die Lösung!«, jauchzten sie ekstatisch und waren kaum zu beruhigen.

Eigentlich schade, dass man sich nach einem derartigen Rausch am nächsten Morgen an nichts mehr erinnern kann. Wer weiß, vielleicht hatten sie die Lösung ja wirklich gefunden?!

Nun mögen Sie sich fragen, wie ich mir dieses Leben leisten konnte. Nun, dadurch, dass ich in der Zeche arbeitete, hatte ich freien Eintritt zu den Konzerten, die dort stattfanden. Außerdem gehörte man als Zechenangestellter zum inneren Kreis der Bochumer Szenegastronomie, zumal man nach Feierabend in andere Läden weiterzog, die noch länger oder sogar praktisch durchgehend geöffnet hatten – man kannte sich also. Freier Eintritt überall, freie Getränke an allen Tresen.

Wir und die Kollegen aus anderen Discos trafen uns am frühen Morgen im »Logo«, einer Disco in der Innenstadt, in der bis neun Uhr morgens der Wahnsinn tobte, danach marodierten wir (wenn es der erste Samstag im Monat war) über den Flohmarkt am Rathaus und kauften irgendwelchen Blödsinn. Noch heute hängt bei mir ein dunkelgoldgerahmtes Ölbild, das ich von einer dieser Touren mitgebracht habe: das naturalistische Porträt eines ernst dreinschauenden jungen Mannes. Er trägt einen dunkelbraunen Anzug, ein rehbraunes Hemd mit hohem Kragen und eine breite, schwarzbraungold gemusterte Krawatte. Ich habe nicht den geringsten Schimmer, wer der Kerl ist oder wer das Porträt wann gemalt hat, aber ich mag das spontan gekaufte Bild immer noch.

Zum Frühstück ging es nach dem Besuch des Flohmarktes ein paar Hundert Meter die Viktoriastraße hinauf ins »Café Sachs«, das damals nur in den frühen Morgenstunden für eine knappe Stunde schloss, damit die Putzkolonne die Trümmer der vorausgegangenen Nacht wegräumen konnte. Man durfte sich dort sein Frühstück aus einer langen Reihe von Einzelkomponenten selbst zusammenstellen, auf den Tischen lagen Listen zum Ankreuzen. Kein Problem also, wenn man Appetit auf zwei Croissants, eine Scheibe Roastbeef, Nutella, eine Gewürzgurke, ein wenig Obst und einen doppelten Wodka auf Eis hatte, die Frühstücksschicht erfüllte beinahe jeden Wunsch.

Irgendwann am Vormittag (das galt natürlich nur für die Wochenenden) war ich dann zu Hause und fiel ins Bett, und schon schließt sich der Kreis, denn wir sind wieder bei den lichtdichten Vorhängen angekommen. Nach ein paar Stunden Schlaf (wohl eher Koma) ging es dann meist wieder zur Zeche, für eine neue Nachtschicht.
Und immer so weiter ...

KAPITEL 5

**Die Toten Hosen und ich
oder
Zwischen Videodreh und Saloonschlägerei**

1984 gab es die Toten Hosen gerade mal seit zwei Jahren, und wir pilgerten bereits zu ihren Konzerten, die oft genug vor kaum mehr als dreißig oder vierzig Fans in obskuren Discos stattfanden. Fun-Punk – das war genau nach meinem Geschmack, und die lustigen, wilden Auftritte der Jungs in holzgetäfelten Souterrainkaschemmen, in denen sonst Discofox getanzt wurde, gehörten fest in unseren Terminkalender. Die Konzerte glichen wüsten Partys mit besten Freunden, und es wurde mitgegrölt, getanzt und wild gefeiert.

Als ich von Freunden, die an der Fachhochschule Dortmund Film studierten, gefragt wurde, ob ich Lust hätte, in einem Video der Band mitzuspielen, sagte ich sofort zu. Bei dem Videodreh handelte es sich um eine Semesteraufgabe, und da ich zuvor schon einmal bei Fotoaufnahmen für eine andere Semesteraufgabe mitgewirkt hatte, wusste ich, dass mir ein paar lustige Tage bevorstanden. Bei den Fotos war es um das Thema »Werbung für Musikfilme« gegangen, und ich hatte als Divine unter vielen Heinos posiert – selbst für Freunde völlig unkenntlich unter zentimeterdicker Schminke und mit blonder Perücke.

Meine Freunde und ihre Studienkollegen hatten das Drehbuch für das Video geschrieben und alles vorbereitet, sie würden den Dreh realisieren und hinterher den Schnitt machen. Alle hofften natürlich auf eine gute Benotung.

Verfilmt wurde ein Song von der zweiten LP der Toten Hosen, »Unter falscher Flagge«, das Stück heißt »Im Hafen ist Endstation«, und entsprechend hoch war der Druck bei der Crew.

An drei Drehtagen sollte ich dabei sein, zwei Tage in der Hochschule, für den dritten Tag hatte man eine Dortmunder Kneipe angemietet. Die Toten Hosen, also Breiti, Kuddel, Campino, Trini und Andi, entpuppten sich als nette Jungs, die zu dem Zeitpunkt noch weit entfernt von den Superstars waren, die sie heute sind. Allerdings waren sie im Ruhrgebiet und unter Punks bereits kleine Berühmtheiten.

Die drei Tage wurden zu einem feuchtfröhlichen Trip. Natürlich nur für uns »Darsteller«; außer mir und der Band gab es noch eine ganze Reihe weiterer Komparsen. Die langen Wartezeiten zwischen den Aufnahmen überbrückten wir, indem wir zum Beispiel Backgammon oder Karten spielten. Für die Filmcrew, deren Aufgabe es war, ein möglichst professionelles Musikvideo zu produzieren, dürften wir reichlich anstrengend gewesen sein. Während der ersten zwei Tage waren wir zwar noch einigermaßen diszipliniert, aber in der Kneipe am letzten Tag gab es kein Halten mehr.

In einem großen Hörsaal der FH waren Kulissen aufgebaut, die das Innere eines alten, rostigen Schiffs darstellten. Die Hosen waren die Mannschaft, gewandet in irgendwie maritim anmutende Kleidung wie Ringelshirts, Matrosenhemden, dicke Pullover und Kapitänsmütze – alles natürlich zerlumpt und voller Löcher. Als Heizer des Schiffs agierte Campino über lange Strecken mit nacktem Ober-

körper, während er grimmig guckte und Kohlen in den Kessel schaufelte. Außerdem gab es einen dicken Akkordeonspieler, ein paar Punks, die in einer Ecke wild pogten, und zwei Bordsteinschwalben – eine davon war ich, gekleidet in einen traumhaften Morgenrock aus Satin, den ich gern behalten hätte.
Ich glaube, die Hosen hatten zu dem Zeitpunkt noch nicht allzu viel Erfahrung mit Videodrehs; ich weiß nur von zwei Clips, die es bis dahin gab: »Reisefieber« und »Eisgekühlter Bommerlunder«.
Schon während der ersten beiden Tage hatten wir so manche Szene unbrauchbar gemacht, weil wir mehr herumalberten, als konzentriert zu arbeiten. Außerdem – wer gekifft hat, kann nicht ernst gucken. Immer wieder bat man uns, die nächste Aufnahme bitte ernsthaft durchzuspielen, aber dann ließ Breiti oder Kuddel wieder einen Spruch los, und alles brach kreischend zusammen. Das zögerte natürlich den Feierabend hinaus, aber das war uns egal.
Am dritten Tag enterten (!) wir am frühen Morgen die angemietete Kneipe, der man die Exzesse der vorangegangenen Nacht deutlich ansah. Die Requisite jubelte, denn wir konnten uns einfach in den Müll stellen und anfangen. Auf den Tischen Aschenbecher, randvoll mit Zigarettenkippen, Stühle standen und lagen kreuz und quer herum, ungespülte Gläser überall. Es stank wie ... nun ja ... wie in einer ungelüfteten Kneipe eben. Die Riege der Darsteller war mittlerweile völlig übernächtigt und überdreht. Die Toten Hosen kreuzten stilecht in einem alten Opel auf, diesmal in ihrer gewohnten Kleidung: karierte Hosen mit absurd großem Schlag, dazu geblümte Hemden mit riesigen Kragen, Plateauschuhe, gestreifte Pullunder.
Die Kneipenbesitzer hatten einen Kardinalfehler gemacht:

Der Alkohol war nicht weggeschlossen, und überall standen Schnapsflaschen herum. Da wir zwischen den einzelnen Takes immer viel Leerlauf hatten, begann ich, Drinks zu mixen. Die Position der Toten Hosen war vor der Theke, und ich stand dahinter, da ich an dem Tag eine Bardame spielte. Als die Jungs aus Spaß anfingen, Drinks bei mir zu bestellen, erfüllte ich ihnen den Wunsch nur allzu gern. Ich rede hier nicht von komplizierten und kapriziösen Cocktails, sondern von Wodka auf Eis oder dem guten alten Gin Tonic, ohne jeden Firlefanz.

Als die Filmcrew, die sich zwischendurch immer wieder zu Besprechungen in ein Hinterzimmer der Kneipe zurückzog, endlich merkte, was da ablief, war es bereits zu spät: Ihre Darsteller waren volltrunken. Allesamt. Für die rummeligen Szenen am Tresen war das nicht schlecht, aber als es in der letzten Einstellung darum ging, dass die Toten Hosen nacheinander an der Kamera vorbeilaufen und den Refrain singen sollten, wurde es problematisch. Immer wieder strauchelten sie und kollerten durcheinander, es wurde »Cut!« gerufen, und alles stockte. Dann wurde die Band unter großem Hin-und-her-Geschiebe wieder in einer Reihe aufgestellt, »Konzentriert euch jetzt bitte!«, und alles ging von vorne los. Ich hatte in der Szene nichts zu tun, saß außerhalb der Kamera auf einem Barhocker und machte mir einen Spaß daraus, die Jungs aus dem Konzept zu bringen, indem ich Grimassen schnitt oder sie übertrieben imitierte. Schließlich hatte die Crew die Nase voll und schickte mich ins Hinterzimmer, damit das Video endlich fertiggedreht werden konnte.

Ich sah das Video übrigens erst Jahre später zum ersten Mal, denn ich hatte keinen Videorekorder. Man merkt ihm an, dass es charmant improvisiert ist, und besonders süß finde ich den sehr schlechten »Special Effect« mit der Möwe, die von Campino mit einer Zwille vom Himmel geholt wird und dann im Kochtopf landet. Aber es ist nach wie vor eine schöne Erinnerung an drei sehr lustige Tage in Dortmund.

»Wir sind die Jungs von der Opel-Gang und wir haben alle abgehängt«... Wohl wahr.

In den folgenden Jahren bekochte ich die Toten Hosen so manches Mal in der Zeche. Sie kamen dann kurz in die Küche, um mich zu begrüßen, aber meist hatte ich kaum Zeit, da ihre Konzerte immer ausverkauft waren und ich entsprechend viel zu tun hatte. Oft genug traten sie nicht allein auf, sondern im Dreierpack mit anderen Künstlern und Bands.

An einen Abend erinnere ich mich besonders lebhaft, denn nach dem Konzert kam es zu einer völlig absurden, ausgewachsenen Saloonschlägerei, bei der im Restaurant einiges zu Bruch ging.

Es war ein Freitagabend im Oktober 1986, und die Toten Hosen hatten als Vorgruppen Die Goldenen Zitronen, eine Hamburger Fun-Punk-Band (damals), und Rocko Schamoni (als »alternativer« Schlager-Entertainer) dabei. Die Halle war proppevoll mit Punks und tobte vor Begeisterung. Wie immer floss das Bier in Strömen, und die Stimmung war ausgelassen und fröhlich.

Nach dem Konzert sollte gegessen werden, und die Kolleginnen im Restaurant hatten eine lange Tafel für die ungefähr zwanzig Personen reserviert und eingedeckt. Ich bereitete zwei große Schüsseln mit gemischtem Salat vor, die Vinaigrette füllte ich in zwei Karaffen. Irgendwann gegen Mitternacht kam der Anruf, die Bands seien im Anmarsch, und so wurde der Salat schon auf den Tisch gestellt. Ich weiß nicht mehr, was ich an dem Abend gekocht habe, vermutlich Steak und Bratkartoffeln. Während ich am Herd beschäftigt war, trudelten die Jungs im Restaurant ein und bekamen sofort die erste Lage Pils serviert.

Wenn an einem Freitag ein Konzert stattfand, bedeutete das naturgemäß, dass die Disco später anfing. Bis die Bühnenanlage abgebaut war, wurde es Mitternacht und später, so dass das ungeduldig wartende Discopublikum auf die Konzertbesucher traf. Wenn die beiden Gruppen an den gegenüberliegenden Enden des Jugendkultur-Spektrums angesiedelt waren, lag oft eine gewisse Elektrizität in der Luft.

So auch an diesem Abend.

Das Restaurant war – bis auf die reservierte Tafel – gefüllt mit Leuten, die bereits seit zwei Stunden darauf warteten, dass es endlich mit der Disco losging. Man kann nicht behaupten, dass es sich bei ihnen um Fans von den Toten Hosen handelte (denn sonst wären sie ja im Konzert gewesen, richtig?). Sie saßen schlechtgelaunt herum, fragten uns ständig, wann endlich der Bühnenabbau erledigt sein würde, und nuckelten zu fünft an einer Cola herum. Auch die Kneipe war längst überfüllt, und die Leute waren zu uns ausgewichen, hatten aber natürlich wenig Lust, über den Disco-Eintritt hinaus Geld auszugeben.

Die Bands waren laut und fröhlich, was im Restaurant bei den anderen Gästen schon für schiefe und genervte Blicke sorgte. Allerdings nicht beim Personal. Die Abende mit den Hosen waren für uns immer lustig und entspannt, denn sie behandelten uns ausgesprochen freundlich und bedankten sich bei uns oft mit kleinen Geschenken wie T-Shirts.

Die Jungs waren bei ihrer zweiten oder dritten Runde Bier, als sie anfingen, sich gegenseitig Salatblätter auf den Kopf zu legen und sich gutgelaunt mit Gurkenscheiben zu bewerfen. Nun mögen Sie völlig zu Recht anmerken, dass man mit Essen nicht spielen soll, aber das alles war doch recht harmlos, zumal die Vinaigrette nach wie vor in der Küche stand und der herumfliegende Salat ergo keinen Dreck machte.

Bei mir in der Küche war das Essen mittlerweile servierfertig. Als ich die beiden Vinaigrette-Karaffen nach vorn brachte, kam zu meiner Verblüffung gerade eine Horde Ordner die Treppe hochgerannt und stürzte sich ohne Vorwarnung oder irgendeine Erklärung auf die nichts Böses ahnenden Bands an der langen Tafel. Ehe jemand eingreifen konnte – und wer hätte das auch tun sollen –, war eine wilde Schlägerei im Gange.

Die Szene habe ich noch heute vor Augen, als wäre sie gestern passiert: Ich stehe blöde mit den beiden Karaffen in den Händen in der Tür, und im Restaurant wogt ein riesiges Knäuel von Menschen hin und her, ineinander verschlungen und laut brüllend. Es war wie eine verrückte Tanzchoreographie von Detlef D! Soost mit einem Ensemble aus Lederjackenträgern. Alle trugen Lederjacken, und das Ensemble war in Paare aufgeteilt: Jeweils zwei Leute, die den Kragen ihres Gegenübers festhielten und dann schubsten, zerrten und zogen, was das Zeug hielt.

Meine Restaurantkolleginnen und ich lösten uns aus unserer Erstarrung und versuchten dazwischenzugehen, indem wir »Aufhören, aufhören!« kreischten, natürlich ohne Erfolg. Stühle zerbrachen, die Tafel wurde umgestürzt, und die Hälfte des Salats landete im großen Aquarium, das die hintere Wand des Restaurants schmückte.

Dummerweise konnten wir auch keine Ordner zu Hilfe holen, denn die waren ja mittendrin und gingen eifrig in ihrer vermeintlichen Aufgabe auf, den »Scheiß-Punks mal ordentlich was aufs Maul zu hauen«. An Abenden mit großen Konzerten und späterer Disco waren in der Zeche oft Rocker im Dienst. Alles wirklich nette Jungs, aber damals herrschte zwischen Punks und Rockern offiziell Feindschaft, so dass jede Gelegenheit zu einer ordentlichen Prügelei dankbar wahrgenommen wurde.

Wie sich später herausstellte, war ein Gast, der auch keine Punks mochte (und schon erst recht nicht, wenn sie schuld daran waren, dass die Disco später anfing), zu den Ordnern gerannt und hatte behauptet, die Bands würden im Restaurant randalieren und dem ach so hilflosen weiblichen Personal Angst machen.

Alarmstufe rot – die Mädels sind in Gefahr!

Das war alles, was in die Ordnerhirne vorgedrungen war, denn die größte Todsünde, die ein Gast begehen konnte, bestand darin, das weibliche Personal zu belästigen – egal in welcher Form. Und dann auch noch diese schmierigen Punks! Ohne sich zu vergewissern, ob das überhaupt stimmte, hatten die Ordner ihre Jackenärmel hochgeschoben, jede Menge Testosteron und Adrenalin durch ihre Adern gepumpt und dann das Restaurant gestürmt. Dort hatten sie die völlig überraschten und zu diesem Zeitpunkt noch fröhlich-friedlich gestimmten Musiker von ihren Stühlen gezerrt und versucht, sie die Treppe hinunter nach draußen zu prügeln.

Die Bands wiederum, die ja keine Ahnung hatten, dass es sich bei den Angreifern um Zechenpersonal handelte, wähnten sich von einer Horde Rocker angegriffen und wehrten sich verbissen – ja, sie glaubten sogar, uns Mädels damit zu schützen!

Wir wurden also gleichzeitig von beiden Gruppen verteidigt – was zwar sehr schmeichelhaft, aber eindeutig zu viel des Guten war.

Als sich alles wieder beruhigt hatte, war das Kind schon in den Brunnen gefallen. Die alarmierte Geschäftsführung war im Restaurant aufgetaucht und hatte für Ruhe gesorgt. Dass in der Zwischenzeit das Essen verschmort war, spielte keine Rolle mehr, denn die Bands – mit teilweise zerrissener Kleidung und etlichen blauen Flecken – wollten verständlicherweise nur noch weg aus der Zeche. Weg aus Bochum.

Das Management der Hosen, das mit am Tisch gesessen

und selbst einige Hiebe kassiert hatte, war höchst erbost über den Vorfall. Sie fanden es unentschuldbar, dass ihre Schützlinge vom Personal des Ladens, in dem sie aufgetreten waren und dem sie wie üblich ein volles Haus und entsprechende Einnahmen beschert hatten, tätlich angegriffen wurden. Und zumindest an diesem Abend konnte keine noch so ehrlich gemeinte Entschuldigung der Zechenchefs die unglückseligen Vorkommnisse ungeschehen machen.

Ich kann mich nicht erinnern, dass die Toten Hosen danach noch einmal in der Zeche aufgetreten wären. Ob es daran lag, dass zu dem Zeitpunkt ihre große Karriere begann und die Halle einfach zu klein für sie und die Massen an Publikum, die sie anzogen, wurde? Keine Ahnung. Ich jedenfalls hätte an ihrer Stelle nicht viel Lust auf eine erneute Begegnung mit unseren damaligen Ordnern gehabt.

KAPITEL 6

Internationale Wochen
oder
Was essen eigentlich die Franzosen?

Immer mal wieder wurde seitens der Geschäftsführung versucht, das Angebot der Küche zu vergrößern und gleichzeitig zu verbessern, um zusätzliches Publikum in die Zeche zu locken. Wenn an einem normalen Wochentag kein Konzert stattfand, war der riesige Laden praktisch leer, bis auf einige Stammgäste in der Kneipe, die im Laufe des Abends ein paar Bier und vielleicht einen überbackenen Toast oder eine Gulaschsuppe bestellten. Natürlich war das betriebswirtschaftlich gesehen ein Verlustgeschäft, denn das Personal stand sich die Beine in den Bauch. Besonders die Sommermonate, wenn das Angebot an Veranstaltungen dünner wurde, waren schwierig.
Die Gesellschafter der Zeche dachten immer wieder über das Thema nach und stellten zum Beispiel für ein paar Monate zusätzlich zu mir einen echten italienischen Koch ein, der von Montag bis Donnerstag im Einsatz war, während mir Freitag bis Sonntag blieben. Aber das Stammpublikum wollte keine original italienische Minestrone oder Farfalle alla Firlefanz essen, sondern die gute, alte Gulaschsuppe aus der Dose. Es hätte Volksaufstände gegeben, wäre der Hackfleischtoast nicht mehr im Angebot gewesen. Außerdem war das Ambiente dem Konzert- und Discopublikum angepasst und ... nun ja, ziemlich rustikal. Das Restaurant

befand sich auf einer offenen Empore über der Kneipe, und wenn man dort aß, schallten die Musik und der Lärm der Kneipenbesucher ungebremst nach oben.

Die neuen Speisekreationen konnten noch so gut sein, es klappte einfach nicht, sie dauerhaft zu etablieren – außer bei den Gesellschaftern selbst, die in den Phasen mit geändertem Restaurantkonzept oft und gern mit Freunden auftauchten, um gepflegt zu speisen.

Für ein Gastspiel von einigen Wochen, vielleicht zwei oder drei Monaten, wurde Claudia eingestellt. Sie war gelernte Köchin und kochte hervorragend, aber die Wahrscheinlichkeit, dass sich das plötzliche Haute-Cuisine-Angebot in Feinschmeckerkreisen herumsprechen würde, ging gegen null. Die Zeche war halt die Zeche, und wer hochklassig speisen wollte, kam sicherlich nicht auf die Idee, zu uns zu kommen. Wenn man das Konzept eines Restaurants wie des unseren derart radikal verändert, braucht man einen sehr langen Atem – den die Zeche nicht hatte. Außerdem sahen sich Konzertbesucher mit einer zusätzlichen Karte konfrontiert, deren Gerichte doppelt bis dreifach so teuer waren wie unser Standardprogramm, bei dem kein Gericht mehr als sechs D-Mark kostete. Kaum jemand war bereit, über die Konzertkarte hinaus noch zwanzig Mark für ein Essen auszugeben.

An Wochentagen mit Konzerten standen Claudia und ich gemeinsam in der Küche. Ich war für Toast, Spaghetti und Salat zuständig, während sie das Zusatzangebot kochen sollte. Ich sah ihr gern über die Schulter, wenn sie arbeitete, und einmal öffnete ich den Kühlschrank und fand darin einen transparenten Plastikbeutel, der von innen beschlagen war.

»Was ist in der Plastiktüte?«, fragte ich sie.

»Flusskrebse. Heute gibt es ganz was Feines.«
»Hmmm, lecker.« Ich beugte mich näher über die Tüte, als diese sich plötzlich raschelnd bewegte. Kreischend sprang ich zurück und schrie: »Die leben ja!«
»Natürlich leben die, was dachtest du denn?«
Ja, was dachte ich denn?
Ich liebe Meeresgetier aller Art und konnte schon als kleines Kind Krabben pulen, die wir im Hafen direkt vom Kutter kauften. Natürlich war mir klar, dass diese Tierchen irgendwann einmal gelebt hatten – wie jedes Schnitzel auch. Austern schlürft man schließlich ebenfalls, wenn sie noch leben (urgs!), und wenn ich Miesmuscheln koche ... nun ja. Aber sie KRABBELN immerhin nicht mehr.
Und all diese Schlaumeier, die behaupten, Hummer fühlten keinen Schmerz, wenn sie ins hoffentlich kochende Wasser geworfen werden, frage ich: Woher wisst ihr das so genau? Jede Menge Hummer interviewt – nach ihrem Tod in kochendem Wasser? Jemals selbst Hummer gewesen? Hm?
Wie dem auch sei. Die armen Krebse landeten natürlich auf dem Teller eines Feinschmeckers (einer unserer Geschäftsführer, vermutlich), aber ich weigerte mich, mir anzusehen, wie sie zubereitet wurden.
Claudias Gastspiel in der Zeche war bald wieder vorbei, denn auf Dauer rechneten sich leider weder ihr Lohn noch der enorme Wareneinsatz. Aber man gab nicht auf. Eines Tages erschien mein Chef in der Küche und verkündete die »Internationalen Wochen«. Aha? Wie international genau? Eine Woche sollte es neben der normalen Karte französisches Essen geben, eine Woche lang japanische Küche – und in der dritten Woche war ein Land an der Reihe, an das ich mich beim besten Willen nicht mehr erinnere. Spanien? Schweden? Keine Ahnung.

»Für das japanische Essen bekommst du eine Lehrerin, für die anderen Wochen denk dir jeweils zwei Gerichte aus«, sprach der Chef und verschwand wieder.
Soso, etwas ausdenken also. Was wusste ich von französischer Küche? Rein gar nichts. Ich fragte in meinem Bekanntenkreis herum. Achselzucken. Was aßen die Franzosen? Baguette, das sie unter den Arm geklemmt durch die Gegend trugen, und natürlich Croissants, die in gigantische Schüsseln mit Milchcafé gestippt wurden, aber das war nun wirklich nicht abendfüllend. Frösche und Schnecken, vielleicht?
Nur über meine Leiche.
Ratatouille, das klang doch schwer französisch, oder? Irgendwelche Gemüse wurden geschmort, und war da nicht noch irgendwas mit Tomatenmark? Aber woraus genau bestand Ratatouille, und wie wurde es gekocht? Mach doch Zwiebelsuppe, schlug jemand vor, oder Coq au vin, das soll ein französisches Nationalgericht sein ... ach du liebe Güte. Ich war heillos überfordert.
Letztlich lief es auf Lammkoteletts mit Ratatouille und auf Zwiebelsuppe hinaus, beides mit Baguette natürlich, weiter reichten weder meine Phantasie noch mein Können am Herd.
Klar, heutzutage würde ich bei Google einfach den Suchbegriff »französische Küche« eingeben. Ich habe es gerade mal ausprobiert: über 600 000 Treffer, da dürfte das eine oder andere auch für mich machbare Rezept dabei sein. Jeder Arbeitsschritt wäre mit Fotos dokumentiert, und wahrscheinlich gäbe es sogar kleine Filmchen, die ich mir unendlich oft im Internet ansehen könnte. Aber vor fünfundzwanzig Jahren, in Vor-Google-, Vor-Internet- und sogar Vor-Computer-Zeiten ...

Die japanische Kochstunde stand an, und ich war mächtig gespannt. In der Küche erwartete mich am frühen Morgen eine zierliche Japanerin, die sich als Gattin des (deutschstämmigen) Leiters des Japanischen Instituts an der Ruhruniversität Bochum entpuppte. Sie hatte ihre Tochter dabei, ein unglaublich hübsches kleines Mädchen, bei der mir noch heute der Begriff »kleine Kirschblüte« einfällt, weil sie so rosig und zart war.

Zwei Gerichte wollte die japanische Dame mir beibringen, und es war nach ihren Anweisungen eingekauft worden. Wir reden hier nicht von Sushi oder Nigiri, sondern von zwei einfachen Eintopfgerichten. Außerdem sollte ich lernen, den traditionellen Klebreis zu kochen.

Leider habe ich nur noch eines der beiden Rezepte, die sie mir aufgeschrieben und mit kleinen, erklärenden Zeichnungen versehen hat: Oya-ko Donburi oder ganz profan: Hühnerfleisch mit Ei auf Reis. Hört sich simpel an, nicht wahr? Aber in der japanischen Küche ist auch bei Eintöpfen die Optik von zentraler Bedeutung, und nichts wird einfach so in den Topf geworfen und umgerührt. Die kleinen Zeichnungen auf dem Rezept erläuterten detailliert, wie die einzelnen Zutaten – in diesem Fall Shiitake-Pilze, Porree, Chinakohl, Zwiebeln – genau geschnitten werden sollten und in welcher Reihenfolge sie in den Wok zu wandern hatten, damit zum guten Schluss alles gleich(zeitig) bissfest war. Ich lernte, das Wasser, in dem die getrockneten Shiitake eingeweicht worden waren, wegen des Geschmacks später zum Würzen zu verwenden und beim Chinakohl die weißen, festen Mittelstücke von den zarten Blättern zu trennen, sie in Streifen zu schneiden und scharf anzubraten, während das Blattgrün erst dazugegeben wurde, wenn die Flamme bereits ausgestellt war. Ich lernte,

親子丼

Oya--ko Donburi (Hühnerfleisch mit Ei auf Reis)

Zutaten für 5 Personen:
Hähnchenkeulen   3
Eier   5
Shiitake * (jap. Morcheln)   5 Stück
Chinakohl   2 Blätter
Lauch   1 Stange
Gemüsezwiebel (mittelgroß)   1
Shoyu * (jap. Soyasauce)   1/2 Tassen
Mirin *   1/2 Tassen
Shiitakebrühe   2 Tassen
~~Wasser~~   2 Tassen
Zucker   2 Eßlöffel
Sake (od. trockener Weißwein   3 Eßlöffel
Reis   4 Tassen (à 200 cc)
*Anstelle von Mirin kann man auch eine ~~1/2~~ Tasse Sake oder
trockenen Weißwein mit etwas mehr Zucker verwenden.)

Vorbereitung:
Shiitake (jap. Morcheln) kurz auf der Ober- und Unterseite
unter fließendem Wasser waschen und über Nacht einweichen.
Das zum Einweichen benutzte Wasser unbedingt verwahren, da
es für die Brühe benutzt wird. Die Stiele der eingeweichten
Shiitake abschneiden, das untere Ende wegschneiden und
fortwerfen. Stiel der Länge nach in dünne Streifen schneiden. Pilzkopf in 4 - 6 Streifen schneiden.

Die Chinakohlblätter quer in 6 cm lange Stücke schneiden,
dabei den grünen und den weißen Teil trennen. Die weißen und
die grünen Stücke der Länge nach in ca. 1 - 2 cm breite
Streifen schneiden und getrennt aufhäufen.

Den weißen Stiel des Lauchs schräg in 1,5 - 2 cm breite
Stücke schneiden. Die grüne Stangenspitze nicht verwenden.

Zwiebel der Länge nach halbieren, mit der Schnittfläche auf
das Hackbrett legen und quer in ca. 1 cm breite Scheiben
schneiden (= halbierte Ringe).

Den Reis gut waschen und zusammen mit gut 4 1/2 Tassen
Wasser in einen Kessel geben und zum Kochen bereitstellen.

(Wegen möglichen Salmonellenbefall bei der nun erfolgenden
Zerlegung der Hähnchenkeulen mit der nötigen Vorsicht vorgehen.) Die Haut der Hähnchenkeulen am unteren Ende mit
einer scharfen Küchenschere rundherum einschneiden. Danach
die Keule vom oberen Ende aus auf der Innenseite den Knochen
entlang einschneiden und den Knochen vorsichtig freilegen,
ohne die Haut vom Fleisch zu lösen. Das vom Knochen befreite
Fleisch mit der Haut nach unten auf das Küchenbrett legen
und quer in ca. 1 cm breite Streifen schneiden. In eine
flache Schüssel legen, mit etwas Sake beträufeln und 20 Min.
ziehen lassen.

* erhältlich z. B. im Asia-Center am Planetarium

b.w.

Oya-ko Donburi - das Rezept. Oya-ko bedeutet
Mutter und Kind, also Hühnchen und Ei.

mit Sojasauce und Mirin (einer Art süßem Wein) zu würzen, und ich lernte vor allen Dingen, Hähnchenschenkel zu entbeinen.

Es wurde nämlich nicht einfach Hähnchenbrust in Streifen geschnitten und angebraten, nein, das Fleisch von der Brust wurde als viel zu trocken erachtet. Die Japanerin brachte mir bei, mit Hilfe einer Schere (!) beim Schenkel das Fleisch vom Knochen zu lösen, ohne dabei die Haut zu verletzen. Wenn es richtig gemacht wird, erhält man ein rechteckiges Stück Haut, an der das unglaublich zarte Muskelfleisch hängt. Dieses wurde dann mit der Hautseite nach unten auf ein Schneidebrett gelegt und in einen Zentimeter breite Streifen geschnitten, danach in sehr heißem Öl angebraten, natürlich auf der Hautseite, wodurch sich das Fleischstückchen zu einem kleinen Ball zusammenziehen sollte, der außen knusprig und innen butterzart war.

Das mit den Hähnchenschenkeln mache ich noch heute, aber ich lasse das vom Knochen gelöste Stück ganz, steche die Haut mehrmals ein und mariniere es in Sojasauce. Dann ganz heiß und scharf anbraten, natürlich auf der Hautseite – köstlich!

Ich war hingerissen von meinem kleinen Kochkurs und meiner charmanten Lehrerin, und erst recht, als die Variation mit Rindfleisch gekocht wurde: Der rohe Rinderbraten wurde ins Eisfach gelegt, bis er halb gefroren war, und dann auf einer Profi-Schneidemaschine (die es in der Zechenküche natürlich gab, denn wir waren bestens ausgestattet) in hauchfeine, millimeterdünne Scheiben geschnitten. In heißem Öl gebraten, zogen sie sich zu Blüten zusammen, die im Mund buchstäblich schmolzen – phantastisch! Wie gesagt: Ich war hingerissen.

Den Klebreis zu kochen war eine komplizierte Angelegenheit, bei der nach einer gewissen Zeit der Dampf aus dem Topf gelassen werden musste, dann musste der Deckel wieder auf den Topf, dann wieder gelüftet werden ... Ich ging mit der Unbekümmertheit der total Unwissenden ans Werk und stellte Unmengen davon her.

Und weil es gerade so nett war, zeigte die japanische Lady mir noch, wie man diese Reispäckchen formt, die man dann mit rohem Fisch belegen kann – das ist nicht so einfach, wie es sich anhört, und bedarf einer ausgefuchsten Technik. Die Handflächen werden angefeuchtet und mit Salz bestreut, dann nimmt man einen Klumpen Reis von der Größe einer kleinen Mandarine. Der wird zwischen den Händen gewälzt, geknetet und gerollt, bis ein kompaktes Päckchen entstanden ist, das nicht mehr auseinanderfallen kann. Keine Ahnung, ob ich das heute noch könnte. Meine Lehrerin zeigte sich übrigens höchst beeindruckt davon, wie (in ihren Augen!) furchtlos ich mich der Aufgabe stellte, in einem normalen Kochtopf diese Unmengen Reis zu kochen. Sie gestand mir, es noch nie ohne einen Reiskocher versucht zu haben.

Die Japan-Woche in der Zeche war ein großer Erfolg, die Leute rissen mir die Teller nur so aus der Hand und das zu Recht, denn das Essen schmeckte einfach wunderbar. Das Nachkochen ohne meine Lehrerin stellte sich als völlig problemlos heraus, schließlich hatte sie mir alle kleinen Kniffe und Tricks gezeigt. Das Publikum und die Bands, die in der besagten Woche davon kosteten, überhäuften mich mit Komplimenten, die ich im Geiste an die freundliche japanische Dame weitergab.

Und meine lieben Kollegen, die Ordner?

»Gib mir mal was von dem Chinafraß, den du da zusam-

mengematscht hast«, sagte einer, der besonders unvorsichtig war.
Der Mann weiß bis heute nicht, wie Oya-ko Donburi schmeckt.

KAPITEL 7

Ganz großer Sport
oder
Wie viel Arbeit
passt in einen halben Monat?

Manchmal war der Veranstaltungskalender der Zeche so voll, dass ich zwischen meinen Schichten kaum zur Besinnung kam. Arbeiten bis zwei oder vier oder auch sechs Uhr morgens, ins Bett torkeln, bewusstlos werden, irgendwann am nächsten Mittag aufwachen und bis zum Schichtbeginn irgendwie einsatzfähig werden. Das waren die Momente, in denen ich durchaus von einem »normalen« Acht-Stunden-Job träumte, bei dem ich genau wusste, wann ich Feierabend haben würde.

Bei meinem Job konnte ich nie vorhersagen, wann ich mein Bett sehen würde, weil ich zum Beispiel selten im Voraus wusste, ob die Band – oder die Bands – des Abends vor oder nach dem Konzert essen wollten. Man stelle sich ein Konzert mit drei oder vier Bands vor, das dauerte ja allein schon bis weit nach Mitternacht. Entschieden sich die Musiker für ein spätes Mahl, kam gegen zwei oder drei Uhr morgens ein Trupp von bis zu zwanzig Leuten ins Restaurant. Der Service und ich konnten uns glücklich schätzen, wenn wir dann um fünf endlich den letzten Krümel weggefegt und das letzte Glas gespült hatten.

Es gab Schichten, die zehn, zwölf oder vierzehn Stunden lang waren. Dann weiß man während der Nacht nicht ein-

mal mehr, wie man heißt, dann funktioniert man nur noch wie ein Roboter. Selbst zum Heulen ist man zu müde. Nach Feierabend waren die Strapazen schnell vergessen oder mit Wodka auf Eis weggespült, aber währenddessen ...
Nehmen wir als Beispiel den Veranstaltungsplan der zweiten Dezemberhälfte 1986:

14.12. – Peter and the Test Tube Babies
15.12. – The Woodentops
16.12. – Erasure
17.12. – The Tygers of Pantang
18.12. – Mitch Ryder
19.12. – Killing Joke, danach Disco bis morgens um fünf
20.12. – Samstags-Disco
21.12. – Ruhr-Rock-Festival (8 bis 10 Bands)
22.12. – Achim Reichel & Band
23.12. – Crocodile's Christmas Party (8 Bands)
24.12. – -----
25.12. – Weihnachts-Disco
26.12. – Herman Brood & Band, danach Disco
27.12. – Samstags-Disco
28.12. – Ruhr-Rock-Festival (8 bis 10 Bands)
29.12. – Finale Ruhr-Rock-Festival
30.12. – Cassandra Complex
31.12. – Silvester-Disco

Diese scheinbar harmlose Liste bedeutete: jeden Abend ein volles Haus, denn alle Bands waren damals schwer angesagt (einige sind es vielleicht heute noch, keine Ahnung). Im Fall des Ruhr-Rock-Festivals bedeutete es den gesamten Tag ein volles Haus, denn die erste Band ging bereits nachmittags auf die Bühne.

Manchmal kam ich zur Arbeit, und das Wasser in der Bain-Marie war noch nicht einmal vollständig abgekühlt, weil der letzte Feierabend erst wenige Stunden zurücklag. Phasenweise arbeitete ich vier bis sechs Schichten pro Woche. Besonders die Ruhr-Rock-Tage waren für Küche und Service anstrengend. Das Festival gab es seit 1984, und es erfreute sich größter Beliebtheit. Der Wettbewerb war ins Leben gerufen worden, um Nachwuchsbands zu fördern und ihnen die Gelegenheit zu geben, vor einer Fachjury (bestehend aus Musikern, Musikjournalisten, Produzenten und Vertretern der Plattenindustrie) und natürlich auch vor einem großen Publikum zu spielen. Es gab attraktive Preise zu gewinnen, zum Beispiel Instrumente, Auftritte als Vorgruppe bekannter Bands oder Videoproduktionen. Hunderte Bands bewarben sich jedes Jahr dafür, die Jury traf eine Vorauswahl, und die glücklichen Auserwählten traten dann gegeneinander an.

In den ersten beiden Jahren gab es jeweils zwei Vorausscheidungstage und einen Tag für das Finale. Das funktionierte nur bedingt, weil dann Reggae-Bands, Metaller, Elektropopper und weitere Stilrichtungen miteinander in den Wettbewerb gingen. Das war schwierig, denn auch die Reaktionen des Publikums wurden in die Entscheidungsfindung einbezogen. Wenn der überwiegende Teil des Publikums aus Heavy-Metal-Fans bestand, hatte es eine Reggae-Band natürlich schwer! Bewerbungen gab es genug, also wurde der Wettbewerb 1986 auf fünf Vorentscheidungstage ausgedehnt – der erste fand Ende September statt –, wobei jeder Tag einem bestimmten Musikstil gewidmet war.

Auch beim Publikum war das Festival überaus beliebt, und nicht nur, weil kein Eintrittsgeld verlangt wurde. Die Leute strömten nur so in die Zeche, so dass alle Bereiche ständig überfüllt waren, auch das Restaurant. Logisch, denn nicht alle Besucher wollten auch alle Bands sehen. Oft gelang es uns kaum, für die Bands einen Tisch freizuhalten, damit sie vor oder nach dem Auftritt essen konnten.

An Tagen wie dem 23.12., an dem im Rahmen der »Crododile's Christmas Party« acht Bands auftraten – The Idiots, Angel Dust, Invincible Limits, Swastika Girls, Flowerpornoes, Land of Sex and Glory sowie Ferryboat Bill (also jede Menge Punk und Rock) – war die Arbeit kaum zu schaffen, denn es flogen nicht nur Hunderte Bons in die Küche, sondern logischerweise auch das benutzte Geschirr und Besteck. Es gab zwar eine kleine, leistungsstarke Gastro-Spülmaschine, die für einen Durchlauf nur fünfzehn Minuten brauchte, aber leider lediglich spülte und nicht trocknete. Eine Ladung Teller zwischendurch abzutrocknen war nicht das Ding, das ging immer, obwohl ich allein in der Küche war. Musste es ja auch, denn wir konnten die Spaghetti oder den Thunfischtoast schließlich nicht einfach vor die Gäste auf die Tische werfen.

Ein echtes Problem war aber das Besteck, das ich immer zunächst in einem Eimer mit Spülwasser sammelte. Irgendwann war der Eimer randvoll, und das bedeutete: Nicht mehr lange, und die Gäste müssen mit den Händen essen. Also wechselte ich den Einsatz in der Spülmaschine, schüttete das Besteck hinein und startete den Spüldurchgang. Eine Viertelstunde später lag da ein Riesenberg Messer, Gabeln und Löffel in einer Plastikschüssel – gespült, aber tropfnass, und ich hatte beim allerbesten Willen keine Zeit, mich an die Spüle zu stellen und Hunderte Besteckstücke abzutrocknen und zu polieren. Oft holten sich dann meine Kolleginnen aus dem Service die

Schüssel nach vorne und versuchten, das Abtrocknen zwischendurch zu erledigen. Meist lief es aber darauf hinaus, dass sie gerade so viel Besteck fertig hatten, wie sie dringend für die nächsten Essen brauchten.
Es ist wirklich ein Alptraum, wenn die Bons einfach nicht weniger zu werden scheinen. Fünfzehn Essen gehen raus, zwanzig Bons rücken nach. Die Hitze in der Küche, zur Neige gehende Vorräte, die ständigen Nachfragen der wartenden Gäste ... Manchmal waren wir so angespannt, dass es durchaus zu Streit zwischen mir und dem Service kam.
»Wo bleiben die Bratkartoffeln? Die Leute warten schon seit einer halben Stunde!«
»Siehst du nicht, was hier los ist? Denkst du, ich stehe hier rum und glotze blöd an die Wand?«
»Ist mir egal, die Leute fragen alle zwei Minuten nach, die wollen die nächste Band sehen!«
»Na und? Dann sollen sie gefälligst zu Hause essen. Ich mach, so schnell ich kann.«
»Dann mach schneller.«
Noch schneller?
Schallgeschwindigkeit?
Oder doch lieber gleich Lichtgeschwindigkeit?
Bin ich Superwoman?
Es ist nicht so, dass ich kein Verständnis für den Service gehabt hätte, und ich wusste auch, dass es keinen Gast wirklich interessieren musste, ob in der Küche zehn Leute arbeiteten oder eine Einzelkämpferin um ihr Leben rackerte. Aber unter einer derartigen Anspannung setzte rationales Denken aus, und jeder, der den Druck vergrößerte, war mein Feind.
Ich erinnere mich, dass meine Kollegin und Freundin Sabine und ich uns diverse Male wie die Fischweiber ange-

keift haben. Einmal verloren wir derart die Fassung, dass wir uns gegenseitig durch die Küche schubsten. Ich glaube, nur das Auftauchen eines Kollegen hielt uns davon ab, einen ordentlichen Faustkampf über zwölf Runden auszutragen.

Das Schöne war, dass diese Auseinandersetzungen nie zu ernsthaften Zerwürfnissen führten, wir waren niemals über den Feierabend hinaus böse miteinander.

Jede Schicht kostete viel Kraft, und ganz schnell war es uns wirklich schnuppe, ob Mitch Ryder, Tina Turner, die Red Hot Chili Peppers oder der Papst persönlich bei uns oben im Restaurant aufkreuzten. Gut und schön, ihr seid heute hier, aber morgen kommt jemand anders, der seit Jahren oder auch nur seit drei Wochen (und für höchstens drei weitere Wochen) bekannt und berühmt ist. Für uns war irgendwann einer wie der andere, die Begegnung mit den Stars eine von vielen Komponenten unserer täglichen Arbeit.

»Münchner Freiheit« bekommen eine Goldene Schallplatte? Von mir aus, Hauptsache, ihr geht uns nicht auf die Nerven mit unerfüllbaren, exzentrischen Wünschen. Ganz unter uns: Sie gingen uns auf die Nerven, aber gewaltig!

Depeche Mode, Klaus Doldingers Passport, Dr. Feelgood, Herbert Grönemeyer? Egal.

Nina Hagen, Einstürzende Neubauten, Tears for Fears, Ton Steine Scherben? Gähn.

Uriah Heep, Percy Sledge, The Style Council, The Cult, Nazareth ... ich könnte endlos so weitermachen. Wir respektierten jeden Einzelnen als Gast, aber die Tatsache, dass wir es als Personal der Zeche mit Berühmtheiten zu tun hatten, relativierte sich rasch.

Unsere Freunde und Bekannten waren definitiv beein-

druckter von unserem Job als wir selbst, und natürlich wurden wir von den Fans um unsere Nähe zu ihren Idolen heiß beneidet. Leute, lasst euch versichern: Eure Idole sind genau wie alle anderen Menschen auch.
Mal gut gelaunt, mal schlecht.
Mal wirklich nette Menschen, mal Arschlöcher, deren Verhalten euch den Atem stocken lassen würde, weil ihr wahres Gesicht nicht im Ansatz ihrem Image entspricht.
Mal pflegeleicht, mal kapriziös – was um Himmels willen fängt einer in der Garderobe mit fünfzig Handtüchern an, die nicht gestreift sein dürfen? Da steht dann wirklich im Vertrag zwischen auftretendem Künstler und der Zeche auf einer kilometerlangen Liste mit zu erfüllenden Wünschen: »Fünfzig Frotteehandtücher, auf keinen Fall gestreift.«
Ist der Tag wirklich versaut, wenn Backstage nicht – wie verlangt – zwanzig lachsfarbene Gladiolen des Künstlers Auge erfreuen?
Wird es in der Bandgarderobe zu hysterischen Heulkrämpfen kommen, nur weil eine bestimmte exotische Whiskymarke nicht aufzutreiben war?
Wenn ich von derlei Dingen erfuhr (die Aufbauhelfer waren wahrhaft große Tratschtanten), konnte ich nur den Kopf schütteln – falls ich dazu überhaupt Zeit hatte.

KAPITEL 8

Erbarmen – die Rapper kommen
oder
Eine harte Prüfung für die Köchin

Ich liebe Hip-Hop und Rap. Ich liebe jede Art von Musik, die mich berührt, elektrisiert und zum Headbangen bringt. Ich habe kein Problem damit, dass in meinem Platten- und CD-Schrank Mozart, Missy Elliot, Metallica und Madonna einträchtig nebeneinanderstehen, denn ich bin, was das angeht, völlig undogmatisch.

Als Anfang der Achtziger dieser ungewöhnliche Sprechgesang zu harten Beats über den großen Teich geschwappt kam, war ich begeistert. Vor allem wegen der harten Beats, das gebe ich zu. Irgendwann tauchten dann auch in Deutschland erste Bands auf, die sich daran versuchten, wie zum Beispiel 1992 die Fantastischen Vier mit »Die da«. Ich mag den Song, er ist lustig und hat Drive.

Unter den Rap-Fans hierzulande brach prompt ein erbitterter Streit darüber aus, wer rappen dürfe und wer nicht, als Fanta 4 mit dem Song erfolgreich waren. Authentischer Rap dürfe ausschließlich aus dem amerikanischen Ghetto kommen, und nur Schwarze seien befugt, die Musik zu machen, hieß es oft. Denken Sie da auch spontan an das Klischeebild von schwarzen Jungs, die vor einer mit Graffiti besprühten Wand um eine brennende Mülltonne herumtanzen? Darf man überhaupt »schwarze Jungs« sagen, ohne als politisch unkorrekt zu gelten? Hm.

»I'm Kurtis Blow and I want you to know...« - ja, was eigentlich? Nie ein Wort verstanden...

Die Debatte hielt ich für mindestens ebenso bekloppt wie die jahrelange Diskussion, wer besser sei, Prince oder Michael Jackson.
Ich bin grundsätzlich der Ansicht, dass man über Musikgeschmack nicht streiten kann.
Einer Freundin, die mir gegenüber die Position der Hardliner vertrat, stellte ich mich jedenfalls entgegen und verkündete, ich hielte »Die da« für gute Musik, ob deutsch oder nicht, das sei mir wurscht. Während unseres kleinen Streits dudelte im Hintergrund eine Rap-Kassette, und gerade lief ein Stück von House of Pain. Das sei der richtige, echte Rap, schrie meine Freundin, da höre man doch sofort, dass diese Musik direkt aus dem Ghetto...

Ich unterbrach sie milde lächelnd und riet ihr freundlich, von Zeit zu Zeit mal auf den Text zu hören. »I'm an Irish Boy« wurde da mehrfach gesungen, denn die Mitglieder von House of Pain waren irischstämmige Amerikaner und weißer als weiß. Diskussion beendet, wie Sie sich unschwer vorstellen können.

Auch in der Zeche traten einige Rapper auf, Kurtis Blow zum Beispiel, Whodini oder Run DMC.
Von einem dieser Abende möchte ich berichten, wobei ich nicht mehr weiß, welche Band damals gespielt hat, als wir im Restaurant »The Night of the Pimps« erlebten.
Um die zehn Personen wurden nach dem Konzert zum Essen erwartet, und es gab nicht irgendetwas von der Karte, sondern ich hatte bei Schichtbeginn traumhafte Rumpsteaks vorgefunden: mindestens vier Zentimeter dick, dunkelrot und genau richtig marmoriert, mit kleinem Fettrand. Dazu sollte es natürlich den Klassiker geben: Bratkartoffeln.
Wie auch immer. Das Konzert war vorbei, und ich erhielt den Anruf, dass die Band samt Entourage zu uns unterwegs sei. Die Bratkartoffeln waren bereits in der Mache, gemischter Salat stand bereit, und die Steaks würde ich erst in die Pfanne werfen, wenn der Trupp bereits am Tisch saß und Getränke bestellt hatte.
Plötzlich kam meine Restaurantkollegin Sabine in die Küche geschossen und rief: »Komm ganz schnell mit, das musst du sehen!«
Ich ließ sofort alles fallen. Bis heute bin ich froh darüber, denn andernfalls wäre mir ein unvergesslicher Anblick entgangen: eine Gruppe absurd aufgebrezelter Pimps stolzierte durchs Restaurant auf die reservierte Tafel zu.

Wissen alle, was ein Pimp ist?
Im ursprünglichen Wortsinn ist ein Pimp ein Zuhälter, mittlerweile aber eher jemand, »der seine finanzielle Unabhängigkeit zur egozentrischen Stilisierung seiner Person benutzt« (ich hätte es nicht besser ausdrücken können), und Wikipedia fährt fort: »Pelzmäntel, auffälliger Schmuck und teure Bekleidung in auffälligen Farben waren beliebte Accessoires des Pimps und verbanden sich mit einer Attitüde, die irgendwo zwischen extremem Machismo und bewusst tuntenhaftem Verhalten changierte.«
Das nenne ich mal treffsicher formuliert!
Die frühen Rapper der Achtziger zelebrierten diesen Kleidungsstil, der von der Haar- bis zur Schuhspitze demonstrieren sollte, dass man finanziell erfolgreich war. Glitzerstoffe, dicke Klunker und auffällige, gern asymmetrische Frisuren waren ein Symbol dafür, dass man das Ghetto und materielle Entbehrungen hinter sich gelassen hatte. Erst später galt es als chic, zum Beispiel teure Sportklamotten eines bekannten deutschen Herstellers zu tragen, allerdings nach wie vor in Kombination mit klotzigem Goldschmuck.
Wir aber befinden uns noch immer mitten in den Achtzigern im Restaurant der Zeche, und dieses Geschwader mit bodenlangen Pelzmänteln, skurrilen Kopfbedeckungen, glitzernden Stiefeletten und funkelnden Sonnenbrillen tänzelte zu seinen Stühlen, entledigte sich der Pelze und ließ Schmuck blitzen, der Liberace neidisch gemacht hätte.
Kann man an jedem Finger einen dicken Klunker tragen?
Ja, kann man.
Kann man eine Uhr tragen, die einen größeren Durchmesser hat als die Felgen meines Autos?

Raten Sie mal.
Kann man armdicke Goldketten, gern auch mehrere, um den Hals tragen, ohne vornüber zu kippen?
Ganz offensichtlich.
Ich konnte mich von dem Anblick kaum losreißen.
Waren wir, ohne es zu wissen, in die Neuverfilmung von »Shaft« geraten?
Würde gleich Isaac Hayes' unverwechselbare, tiefe Stimme ertönen: »Who's the black private dick, that's a sex machine to all the chicks? *(Shaft!)* You're damn right ...«?
Oder waren wir per Zeitmaschine in die Siebziger geschleudert worden, ins Blaxploitation-Universum des superlässigen, supercoolen Privatdetektivs John Shaft, der in Schlaghosen in Harlem herumstiefelte und reihenweise seufzende Frauen mit riesigen Afrofrisuren flachlegte?
Ich schüttelte den Bann schließlich ab und flitzte in die Küche, denn die Shaft-Komparsen, so albern sie auch aussehen mochten, warteten auf ihr Essen. Ich warf die Steaks in heiß brutzelndes Öl, ließ sie ein paar Minuten auf jeder Seite braten und richtete in der Zwischenzeit die Bratkartoffeln auf den Tellern an. Meine Kollegin und ich servierten das Essen, und ich runzelte die Stirn beim Anblick der Heinz-Ketchup-Flaschen auf den Tischen, deren Inhalt offensichtlich dazu bestimmt war, das wunderbare Fleisch zu verschandeln.
Ein paar Minuten später standen die Teller wieder in der Küche.
»Die Steaks sind zu blutig«, sagte meine Kollegin, »du sollst sie noch mal in die Pfanne tun.«
»Waaas? Die sind genau richtig!«
Sie zuckte mit den Achseln und deutete auf die Pfannen. Ich fügte mich zähneknirschend und drehte die Flammen

hoch. Noch einmal ein paar Minuten Hitze für die Steaks, dann wurde ein zweites Mal serviert.

Nach kurzer Zeit war die Kollegin wieder da und stellte die Teller ab. »Immer noch zu blutig. Die wollen das Fleisch durchgebraten.«

Ich konnte es nicht glauben, hatte aber keine andere Wahl, als das zu tun, was von mir verlangt wurde. Die kostbaren, gequälten Steaks bogen sich schon nach oben, als sie erneut serviert wurden, aber ich war noch immer nicht erlöst. Noch ein weiteres Mal kam das Fleisch zurück, und diesmal briet ich es, bis es kein Tröpfchen Saft mehr enthielt.

Diesmal waren die Herren zufrieden. Sie begruben die mittlerweile furztrockenen und zähen Steaks unter Strömen von Ketchup, bevor sie sie zufrieden verspeisten.

Dieses Phänomen erlebten wir mit amerikanischen Gästen noch öfter, sämtliches Fleisch musste bis zum doppelten und dreifachen Tod durchgebraten werden, sonst wollten sie es nicht essen. Keine Ahnung, warum das so war, zumal es ja in Amerika durchaus üblich ist, dicke Steaks fast roh zu verzehren. Ob sie der Qualität unseres Fleisches nicht trauten? Vielleicht wollten sie sich vor Keimen oder Salmonellen oder Wasweißich schützen, indem sie verlangten, das vermeintlich kontaminierte Fleisch komplett durchzubraten?

Wie auch immer – ein Alptraum für die Köchin!

Aber der Gast ist nun einmal König.

Oder ein Pimp.

KAPITEL 9

Die lieben Kollegen
oder
Brisante Zwangsgemeinschaften

In der Zeche arbeiteten Dutzende von Leuten, manche fast täglich, andere nur sporadisch. Es gab Aufbauhelfer und Ordner (manchmal in Personalunion), Kellner, Zapfer, Thekenkräfte und das Küchenpersonal. Die einen bestritten ihren kompletten Lebensunterhalt aus ihrer Tätigkeit in der Zeche, andere arbeiteten nur einmal wöchentlich für ein paar Stunden, um ihr BAföG aufzustocken. Mit einigen ergaben sich Freundschaften, die weit über die Arbeit hinausgingen. Bei anderen konnte ich gerade mal einen Gruß herauswürgen, wenn ich sie sah.
Bei den Ordnern und Aufbauhelfern war ich überaus beliebt, weil ich die »Big Mama« in der Küche war, und es galt als großer Gunstbeweis, wenn ich ohne große Diskussion den Wunsch nach einer ordentlichen Männerportion Bratkartoffeln erfüllte. Es gab eine kleine feste Crew von Aufbauhelfern, breite Jungs, die fast alle zum Bodybuilding gingen und miteinander wetteiferten, wer die dicksten Oberarme hatte. Zu großen Veranstaltungen kamen Helfer dazu, die nur sporadisch im Einsatz waren. Die Rocker standen fast ausschließlich während der Disco und bei Metal-Konzerten an der Tür und sorgten für Ordnung – ihr hartes Aussehen und ihr sehr loses Mundwerk täuschten mich nicht: Sie waren allesamt wirklich nett und hilfsbereit.

Warum diese verdammten Bratkartoffeln bei den Jungs so beliebt waren, kann ich nur mutmaßen – vielleicht weil ich sie dann an ihre Mutti erinnerte, die am heimischen Herd stand und für den guten Jungen etwas Leckeres brutzelte? Eine Portion Spaghetti war in ein paar Minuten zubereitet: Nudeln erwärmen, Sauce drüber, fertig. Aber um Bratkartoffeln musste ich mich richtig kümmern: Kartoffeln in Scheiben schneiden, Pfanne erhitzen, Kartoffeln rein, lange braten lassen, am Herd stehen, die Kartoffeln wenden, Zwiebeln und Schinken schneiden und zum genau richtigen Zeitpunkt dazugeben, den perfekten Bräunungsgrad der Kartoffeln erreichen, den perfekten Knusperfaktor ... Wer glaubt, gute Bratkartoffeln zu machen sei einfach, der irrt. Die Pfanne darf nicht zu heiß sein, denn sonst werden sie nicht knusprig und braun, sondern verbrennen. Man muss die Geduld aufbringen, sie bei mittlerer Hitze zuzubereiten – während ein Bon nach dem anderen in die Küche kommt. Ich hatte den Ehrgeiz, wirklich gute Bratkartoffeln zu machen – und das dauert mindestens eine Viertelstunde, wenn nicht länger. In der Zeit machte ich fünfzehn Portionen Spaghetti.
Später, als ich schon nicht mehr in der Zeche arbeitete, erfuhr ich, dass die Jungs immer zu Beginn meiner Schicht jemanden in die Küche schickten, der nachsehen musste, in welcher Stimmung ich war.
Das war recht einfach herauszufinden: Hatte ich schlechte Laune, schrie ich »Raus!«, sobald jemand die Nase zur Tür hereinstreckte. Die miese Laune konnte verschiedene Gründe haben, vielleicht war sie schon da, bevor ich zur Arbeit fuhr, vielleicht bekam ich sie angesichts einer besonders diffusen Vorgabe für das Bandessen, aber vielleicht hatten die Aufbauhelfer auch den Kücheneinkauf einfach

auf die Arbeitsplatte gestapelt und den Turm aus riesigen Konservendosen, Salatstiegen und Käselaiben mal wieder mit dem 25-Kilo-Sack Gemüsezwiebeln gekrönt, unter dem ich fast zusammenbrach, wenn ich ihn herunterwuchtete.
»RAUS!!!«
Der Späher raste dann zurück in die Halle und informierte die wartenden Kollegen, dass es höchst gefährlich sei, auch nur in die Nähe der Küche zu kommen. Dann wussten die Jungs, dass es zumindest an diesem Tag klüger gewesen wäre, sich ein paar Käsestullen mit zur Arbeit zu nehmen, denn bei mir würde es nicht einmal trockenen Toast geben.
Hatte ich allerdings gute Laune, war ich zu einem Austausch von Klatsch und Tratsch bereit, freute mich über Gesellschaft in der Küche und erfüllte alle Essenswünsche, ohne zu murren. Bratkartoffeln für zwölf Leute, nach dem Abbau? Aber gern, jederzeit! Jubel brach unter den harten Kerlen aus, und weißer Rauch stieg aus dem Schornstein.
Habemus gut gelaunte Brenda!
Habemus Bratkartoffeln!
Was die Jungs nicht ahnten: Meist war ich deshalb so zuckersüß und geschmeidig, weil ich im Programm der Zeche ein absolutes Must-see-Konzert entdeckt hatte, zu dem ich ein paar Freunde einladen wollte. Um die Leute ohne Eintrittskarte an den »Herren über Rein und Raus« an der Tür zur Konzerthalle vorbeizuschleusen, bedurfte es langfristiger Vorbereitung, und dazu gehörten ordentliche Portionen köstlicher, knuspriger Bratkartoffeln, die ich gezielt einsetzte, um mir das Wohlwollen der Jungs zu sichern.
Beispiel: Die »Einstürzenden Neubauten« spielten in der Zeche. Ausverkauftes Haus, und zusätzlich zu unseren

Für manche war es Lärm, für uns eine Offenbarung
(Blixa Bargeld/Einstürzende Neubauten)

Ordnern stand jemand vom Konzertveranstalter mit einem Zähler an der Tür, den er jedes Mal betätigte, wenn ein Besucher seine Eintrittskarte entwerten ließ. So wurde kontrolliert, dass die Abrechnung seitens der Zeche nicht frisiert war (schließlich hätte die Zeche ja theoretisch Karten unter der Hand verkaufen können, ohne diese abzurechnen). Es war also fast unmöglich, in die Halle zu gelangen, ohne eine Karte zu haben. Es gab allerdings eine Geheimtür, einen Notausgang, der zufällig oben an der Hallenempore lag, genau gegenüber der Küchentür. Dieser Notausgang durfte nicht verschlossen sein und wurde von einem unserer Ordner bewacht ... einem der Ordner, die ich bereits seit Wochen mit Bratkartoffeln geschmiert hatte ...

Als ein großer Pizzaofen angeschafft wurde, um die Speisenkarte zu erweitern, gab es ein neues Lieblingsessen bei den Ordnern: »Die Pizza, die aussieht wie ein Brötchen«, so nannten sie es. Gemeint war eine Pizza Calzone, also zugeklappt und mit opulenter Füllung. Wieder einmal hatten sie sich mit schlafwandlerischer Sicherheit das herausgesucht, was am aufwendigsten war. Die normale Pizza kam für knapp zwei Minuten in den Ofen, und man sah ihr an, wenn sie fertig war. Nicht so die Calzone. Sie brauchte deutlich länger, und ich war immer unsicher, ob die Füllung nur heiß oder schon durchgegart war. Und die Jungs freuten sich diebisch, wenn ich bei der Bestellung entnervt stöhnte, die Augen verdrehte und sie mit einem deftigen Fluch zur Tür hinausjagte.

Nachdem keine Umstellung der Speisenkarte gefruchtet hatte und auch die »Internationalen Wochen« lediglich kurze, zeitlich befristete Aktionen geblieben waren, entschloss sich die Geschäftsführung, Pizza in unser lukullisches Angebot aufzunehmen. Schließlich mag jeder Pizza, vor allem heiß und frisch aus dem Steinofen.

Durch den Pizzaofen wurde es notwendig, das Küchenpersonal zumindest bei den Schichten am Wochenende um eine Person aufzustocken. Der Ofen, ein mit Schamottsteinen ausgekleidetes Ungetüm, das im Inneren locker mehr als vierhundert Grad heiß werden konnte, stand im hinteren Raum des Küchenbereiches, wo sich auch das Kühlhaus und die Vorratsregale befanden.

Zu den üblichen Vorbereitungen kam nun noch hinzu, dass Teig angesetzt, Käse geraspelt, Salami und Schinken geschnitten, Tomatensauce angerührt und vieles mehr erledigt werden musste. Das war allein nicht mehr zu schaffen, und so fing Markus in der Küche an. (Name von der Autorin geändert – aus gutem Grund.)

Markus war ein kleiner, vollbärtiger Schwabe, was man ihm auch anhörte. Nicht, dass er einen Vollbart hatte, sondern dass er aus dem Ländle kam: »Hascht mal Tooscht«, hieß es zum Beispiel immer, wenn er nach Toastbrot fragte.

Markus machte den Eindruck, als hätte er nicht vor, sich jemals in seinem Leben ein Bein auszureißen, und so verhielt er sich auch bei der Arbeit. Er trug stets ausgebeulte Cordhosen und farblich undefinierbare T-Shirts. Mit seinen zu langen Haaren, der unmodernen Brille und dem Bart sah er aus wie ein Hippie. Chronisch unpünktlich, trödelte er erst einmal ausgiebig und in aller Seelenruhe herum, ging auf ein Schwätzle zu den Kolleginnen im Restaurant, rauchte eine Zigarette, trank etwas, rauchte noch eine Zigarette und ließ den lieben Gott einen guten Mann sein. Nur keine Hektik, ist doch alles total easy ...

Währenddessen lief ich in meinem angestammten Bereich

schon auf Hochtouren, und Markus trollte sich, wenn er dann endlich in der Küche auftauchte, nach hinten zum Pizzaofen. Ich war nicht etwa deshalb so fleißig, weil ich besonders pflichteifrig gewesen wäre, sondern eher aus Erfahrung, denn ich hatte keine Lust, während der Schicht plötzlich ohne geschnittenen Käse für den überbackenen Toast dazustehen, nur weil ich meinen Arbeitsplatz nicht ordentlich vorbereitet und stattdessen mit den Kolleginnen getratscht hatte.

Markus tat nur das Allernötigste und geriet regelmäßig in unglaublichen Schlamassel, weil ihm spätestens zur Hälfte der Schicht alles ausging. Fluchend raste er dann hin und her, schimpfte wortreich über jede Bestellung und flehte mich an, ihm zu helfen. »Kannscht amol Käs raschpeln?«

Irgendwann kam Markus auf den Trip, dass in »meinem« Bereich der Küche viel weniger zu tun sei als am Pizzaofen, ansonsten könnte ich ja wohl nicht so lässig durch meine Schicht schlendern (na ja …), während er den Löwenanteil der Arbeit zu stemmen habe. Diese unausgewogene Arbeitsteilung und himmelschreiende Ungerechtigkeit wolle er nicht länger hinnehmen.

Das war natürlich grenzenlos dämlich von ihm, aber er ließ sich von mir nicht vom Gegenteil überzeugen. Selbstverständlich nicht, denn er glaubte, ich wollte mir den leichteren Posten sichern, und beharrte wütend schwäbelnd auf seinem Standpunkt. Wie gesagt: grenzenlos dämlich.

Als ich zur nächsten gemeinsamen Wochenendschicht erschien, hatte Markus sich bereits in meinem Bereich breitgemacht und gab sich sehr beschäftigt. Zum ersten Mal war er früher zur Arbeit erschienen als ich. Er wandte mir den Rücken zu und linste heimlich über die Schulter, um zu

sehen, wie ich darauf reagierte, dass mir nur der Pizzaposten blieb. Seine ganze Körperhaltung signalisierte, dass er mit meinem empörten Protest rechnete und damit, dass ich erbittert um meinen »Stammplatz« kämpfen würde.
Darauf ließ ich mich jedoch nicht ein, denn ich wusste, ich würde ihn in die Knie zwingen. Besser gesagt: Er hatte sich bereits sein eigenes Grab geschaufelt, denn bei seinem Arbeitstempo würde er mit fliegenden Fahnen untergehen, da war ich mir sicher.
Ich legte also los und raspelte zum Beispiel gleich zwei Eimer Käse, von denen einer ins Kühlhaus wanderte, schnitt bergeweise Salami, füllte Behälter mit Champignons, geschnittenen Zwiebeln und Artischocken, rollte Teig aus, legte ihn in runde Pizzableche und bestrich ihn mit Tomatensauce, dann stapelte ich die runden Bleche neben dem Ofen zu einer beeindruckenden Pyramide auf. Ich stellte mir sogar einen Eimer mit heißem Seifenwasser an den Ofen, damit ich mir zwischendurch immer die Hände säubern konnte, ohne extra ans Spülbecken in der vorderen Küche rennen zu müssen.
Und was tat Markus währenddessen? Sie ahnen es: Zigaretten rauchen, im Restaurant herumhängen, trödeln ...
Die Bons kamen hereingeflogen, und ich geriet während der Schicht nicht ein einziges Mal in Zeitnot oder in die Verlegenheit, dass mir irgendwelche Zutaten ausgingen. Es war sogar so, dass ich zwischendurch entspannt im Türrahmen lehnen und Markus zusehen konnte, wie er aufgescheucht und ohne Plan kreuz und quer durch die Küche raste und fast heulte, weil er sich in ein totales Chaos manövriert hatte. Irgendwann türmten sich ungespültes Geschirr und Besteck in der Spüle so hoch, dass ich Mitleid bekam und es übernahm, zu spülen, weil die Kolleginnen

vom Service unbedingt Besteck brauchten und schon fast durchdrehten.

Am Ende dieser Schicht war Markus nicht etwa geläutert oder gar kleinlaut, sondern stimmte wieder ein großes Krakeel an, es seien mit Sicherheit viel weniger Pizzen bestellt worden als sonst immer, und ich solle gefälligst nicht so überheblich grinsen. Jetzt hatte ich endgültig die Nase voll vom dämlichen Schwabenzwerg und seinem hirnlosen Gezeter. Ich packte ihn mir und zerrte ihn nach vorn ins Restaurant, wo die Kellnerin gerade den Abschlussbon aus der Kasse zog, dem zweifelsfrei zu entnehmen war, dass ich an dem Abend knapp zweihundert Pizzen gemacht und damit zufällig einen neuen Rekord aufgestellt hatte. (Dieser Rekord sollte nicht lange bestehen bleiben, kam aber in dieser Situation genau recht.)

Das war endlich der Moment, in dem er kapierte, in welche Blamage er sich selbst manövriert hatte, und den feindseligen Blick, den er mir zuwarf, sehe ich noch heute. Markus hat nie wieder versucht, meinen Posten zu übernehmen, aber er trug später wesentlich zur ersten und bisher einzigen Mobbingerfahrung meines Arbeitslebens bei.

Bei vier bis sechs Konzerten pro Woche und der Aufstockung des Speisenangebotes um die Pizzen, die reißenden Absatz fanden, wuchs der Personalbedarf in der Küche. Einmal wurde auch innerhalb des bestehenden Personals rekrutiert, und »Papa Kurt«, der dicke Ordner, der mir bei meiner ersten Konzertschicht erklärt hatte, wie ich Lammkoteletts unfallfrei und wohlschmeckend auf den Teller bringen konnte, wurde als »Koch« eingestellt. Name übrigens auch hier geändert.

Kurt war riesig und trug eine gigantische Wampe vor sich

her. Und er hatte die Arbeit nicht erfunden, sondern tat im Gegenteil alles, um ihr aus dem Weg zu gehen. Als ich einmal zur Arbeit erschien, saß er auf unserem Pausenstuhl (ja, den gab es!), neben sich ein großes Glas mit undefinierbarem Inhalt, eine Flasche Wodka und eine Flasche Bananensaft (was den Inhalt des Glases umgehend definierte). Auf dem großen Gasherd stand unser größter Kochtopf (hundert Liter Fassungsvermögen? Hundertfünfzig?), randvoll mit kaltem Wasser, darunter brannte das kleinstmögliche Flämmchen.

Auf meine Nachfrage hin, was das solle, erklärte er mir, er brauche kochendes Wasser, denn den an diesem Abend auftretenden Künstler verlange es nach Fencheltee. Kurt zeigte auf eine Thermoskanne und leerte sein Glas mit einem energischen Schluck. Er mixte sich einen neuen Drink: ein Teil Wodka, ein Teil Bananensaft. Dann lehnte er sich auf dem Stühlchen zurück, das protestierend knarrte, und verschränkte die Arme.

»Spinnst du? Nimm einen kleinen Topf und mach einen Liter Wasser heiß. Und dann verschwinde hier, ich hab zu tun.« Natürlich hatte ich keine Lust, diesen Vollidioten in meiner Küche herumhängen zu haben, während er vier Stunden lang darauf wartete, dass diese Unmenge Wasser zu kochen begann.

Er wurde sofort sauer und brüllte: »Glaubst du, ich reiße mir hier den Arsch auf für einen Blödmann, der unbedingt Fencheltee oder irgend so einen schwulen Scheiß trinken will?«

Mächtig großer Fehler, denn die Küche war während meiner Schicht mein Hoheitsgebiet. Ich stemmte den Topf vom Herd und goss etwas Wasser in einen kleinen Stieltopf, drehte die Gasflamme hoch, und schon wenige Minuten später blubberte es fröhlich. Ich füllte die Warmhaltekanne, drückte sie Kurt in die Hand und schubste ihn aus der Küche.

»Bleib mal locker«, murrte er unwillig, verzog sich dann aber mit seinen Flaschen – vermutlich, um sich woanders den Arsch plattzusitzen und die Kollegen für sich mitarbeiten zu lassen.

Tja, und dieser sympathische Zeitgenosse wurde nun mein Kollege in der Küche. Wie bereits erwähnt, musste man kein Gourmetkoch sein, um die minimalen kulinarischen Anforderungen unseres Speisenangebotes zu bewältigen, das schaffte jeder Idiot. Da war Kurt genauso geeignet wie jeder beliebige andere auch. Er brachte seine Frau gleich mit, und so bestand die Küchencrew jetzt aus vier Personen. An ihren Namen erinnere ich mich nicht mehr, wohl aber daran, dass sie Kurt gerade mal bis zum Bauchnabel reichte, immer schlechte Laune hatte und aussah wie eine Hobbitfrau. Natürlich arbeitete das Ehepaar immer zusammen, was laut Aussage von Augenzeugen bedeutete, dass Frau Hobbit emsig hin und her flitzte, während ihr doppelt so großer und fünfmal so schwerer Gatte auf dem Stühlchen hockte, wichtig aus der Wäsche guckte und von ihr mit Häppchen gefüttert wurde.

Ein paar Wochen waren vergangen, als mir eines Tages mitgeteilt wurde, es sei für den Nachmittag ein Teamgespräch geplant, es gehe um die Küche. Ich dachte mir nichts dabei und tauchte zum vereinbarten Zeitpunkt im Restaurant auf, wo meine Kollegen Kurt, Frau Hobbit und Markus mit verschränkten Armen um einen Tisch saßen und mir grimmig entgegenstarrten. Ebenfalls am Tisch: der damalige Geschäftsführer, der aussah, als sei ihm irgendwie unbehaglich.

Wäre es mir auch, bei der Gesellschaft, dachte ich und setzte mich dazu. »Was gibt's denn?«, fragte ich fröhlich, noch immer nichts Böses ahnend.

»Ähem«, räusperte sich der Geschäftsführer und verkündete dann: »Also, Brenda, die Kollegen haben sich über dich beschwert.«

»Aha? Über was genau?«, fragte ich und guckte in die Runde.

Niemand antwortete, alle wichen meinem Blick aus.

»Nun, äh, deine Kollegen sagen, du arbeitest nicht ordentlich, und sie müssten deinen Dreck wegputzen«, erklärte der Geschäftsführer.

»Aha?«, wiederholte ich. »Wann war denn das? Und warum sagt ihr mir nicht persönlich, wenn ich einen Fehler gemacht habe?«

Die lieben Kollegen guckten auf dem Tisch herum und schwiegen eisern, also sah ich den Chef an.

»Brenda, die beschweren sich seit Wochen über dich. Eigentlich kommen sie nach jeder deiner Schichten in mein Büro ...« Er verstummte.

Ich war fassungslos. Meiner Meinung nach mussten sie schon sehr genau gesucht haben, um etwas zu finden. Im Gegensatz zu meinen hausfraulichen Ambitionen zu Hause lag mir nämlich daran, meinen Arbeitsplatz ordentlich zu hinterlassen – immerhin konnte theoretisch jederzeit das Ordnungsamt zu einer Kontrolle aufkreuzen. Allerdings kann ich nicht ausschließen, dass mein Sauberkeitsstandard nicht an den von Frau Hobbit heranreichte. Trotzdem: Es blieb die Frage, warum mich niemand darauf angesprochen hatte. Wie sollte ich – falls nötig – etwas verändern, wenn ich nicht erfuhr, dass man Anlass zu Kritik sah?

»Möchtest du dazu etwas sagen?«, fragte mein Chef.
Bockig verschränkte ich die Arme. »Nein.«
»Nein? Aber willst du nicht ...«
»Nein, will ich nicht.«
Frau Hobbit erwachte aus ihrer Starre, zeigte mit dem Finger auf mich und kreischte: »Da siehst du, wie arrogant die ist? Und eine Schlampe ist sie außerdem!«
Kurt und Martin nickten. Ausgerechnet die beiden!
Ich sah nicht einmal in ihre Richtung, sondern wandte mich an den Geschäftsführer. »Und jetzt?«
»Ihr seid vier Leute in der Küche, und drei wollen, dass du nicht mehr im Team bleibst. Was soll ich machen?«
»Das Richtige vielleicht?«, schlug ich vor.
Er zuckte zusammen. »Du musst mich verstehen, wenn ich die drei entlasse, ist die Küche praktisch unbesetzt. Deshalb bitte ich dich, dir einen neuen Job zu suchen, und bis dahin machst du die Schichten, bei denen nur einer in der Küche gebraucht wird.«
»In Ordnung«, sagte ich und stand auf.
»Waaas? Willst du dich nicht verteidigen?«, schrie Frau Hobbit.
»Ihr seid der größte Haufen Dreck, den ich je gesehen habe«, sagte ich und ging, während die Hobbitfrau mir Beleidigungen hinterherbrüllte.
Um es abzukürzen: Während der folgenden drei oder vier Wochen bekam ich mein Geld dafür, dass ich während meiner »Paria-Schichten« (so nannte ich sie) so ziemlich alle Bücher las, die ich schon immer mal hatte lesen wollen, und mich ansonsten ziemlich langweilte. Ich war nur eingeteilt, wenn keine Veranstaltung stattfand und lediglich die Kneipe geöffnet hatte. Und natürlich versank die Küche an den Abenden, wenn so richtig viel zu tun war,

im Chaos, weil ich diejenige mit der größten Routine war und schlicht und einfach fehlte.
Die Geschäftsführung entschuldigte sich schließlich in aller Form bei mir und bat mich, wieder in gewohnter Weise Schichten zu übernehmen. Kurt und seine Hobbitfrau waren sang- und klanglos verschwunden und wurden durch andere Leute ersetzt. Ich stand also von Zeit zu Zeit wieder zusammen mit Markus in der Küche. Seine latente Feindseligkeit mir gegenüber ignorierte ich geflissentlich. Was ihn betraf, hatte sich für mich nichts geändert – ich hatte ihn vorher schon bescheuert gefunden und trotzdem mit ihm gearbeitet. Ich nahm ihm auch nichts übel, denn meiner Meinung nach hatte er sich von Kurt und seiner Hobbitfrau in etwas hineinziehen lassen, was er sich allein niemals getraut hätte. Und außerdem – er hatte bestimmt schwer an meinem damaligen Pizzarekord zu knabbern ...

Zu einem wahren Vergnügen wurden die Küchenschichten später, als Silke ins Küchenteam kam. Wir verstanden uns auf Anhieb blendend. Sie sah aus wie ein Porzellanpüppchen – winzig, zierlich und sehr hübsch –, aber sie war erstaunlich zäh und konnte arbeiten wie ein Ackergaul. Zusammen waren wir unschlagbar ...

KAPITEL 10

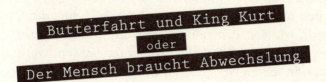
Butterfahrt und King Kurt
oder
Der Mensch braucht Abwechslung

Manchmal verlangt es den Menschen (so auch mich und einige meiner Freunde) nach etwas Kontrastprogramm – immer nur feiern und arbeiten ist auch nicht alles. Fortwährend auf der Suche nach außergewöhnlichen Erlebnissen und neuen Erfahrungen, beschlossen wir, eine Butterfahrt mitzumachen – für neun DM gab es eine Busfahrt an die holländische Küste, dann wurde auf ein Schiff umgestiegen, das einen kleinen Törn über die Nordsee und um Borkum herum machte, bevor es wieder zurückging. Ein paar Stunden an der frischen Luft und Boot fahren, das klang nach einem perfekten Ausflug. Für den Abend hatten wir geplant, zum King-Kurt-Konzert in die Zeche zu fahren.

In aller Frühe sollte es losgehen, Treffpunkt war der Busbahnhof in Recklinghausen, meiner Heimatstadt. Wir waren zu sechst, und trotz der für unsere Begriffe nachtschlafenden Zeit herrschte bei uns ausgelassene Stimmung.

Schon von weitem sahen wir, was auf uns zukam: Eine Horde silberhaariger Rentner wartete bereits am Bus. Zwischen uns und dem Jüngsten der Graugänse lagen locker vierzig Jahre.

Eine Reiseleiterin nahm alle in Empfang und guckte ungläubig, als wir zielsicher den Reisebus ansteuerten. Dieser fröhliche, vorwiegend schwarz gekleidete Trupp mit den seltsamen Frisuren sollte wirklich mitfahren wollen? Wir zückten unsere Fahrkarten, und sie setzte zögernd Häkchen hinter unsere Namen auf der Teilnehmerliste, während wir von den übrigen Mitfahrern argwöhnisch, um nicht zu sagen: feindselig beobachtet wurden. Warum das so war, sollten wir später noch erfahren.

Bei dem Bus handelte es sich um einen modernen Doppeldecker. Die Türen wurden geöffnet. Da wir keine Rentner wegboxen wollten, begnügten wir uns mit Plätzen in der unteren Etage, nahmen uns aber vor, auf dem Rückweg auf jeden Fall die attraktive Sitzreihe an der Panoramascheibe auf dem Oberdeck zu erobern.

Die Fahrt ging los, und der muntere Busfahrer beschallte uns mit den neuesten Hits von Peter Alexander, Heino, Howard Carpendale, Roland Kaiser, Roger Whittaker und Andy Borg. Wir hatten spontan das Gefühl, mitten im »Blauen Bock« gelandet zu sein; fehlte nur noch, dass Heinz Schenk mit einem Bembel durch den Mittelgang kam und uns Äppelwoi anbot, umtanzt von den langbeinigen Schönheiten des Fernsehballetts. Begeistert sangen wir die Schlager mit, zumindest, soweit wir die Texte kannten. »Ich will nicht wissen, wie du heißt«, säuselte Andy Borg schmalzig, und wir brachen schier zusammen.

Bei unseren Mitreisenden machten wir uns damit nicht gerade beliebter, aber wir verstanden noch immer nicht, warum sie uns so ätzend fanden. Mit der Zeit fanden wir sie allerdings auch immer ätzender, denn kaum hatten wir die holländische Grenze überschritten, wurde über unsere freundlichen Nachbarn munter hergezogen: Also wirklich, Fenster ohne Gardinen, wie bei den Asozialen, und diese unordentlichen Gärten und überhaupt, ganz offensichtlich

waren alle Bürger der Niederlande Drogensüchtige, Ausländer, Schlampen (denn sonst gäbe es ja Gardinen) und Schlimmeres. Es wurde gestänkert, was das Zeug hielt. Wir ahnten, wir befanden uns mitten unter Spießern, und der Reisebus war Feindesland.
Doch wir beherrschten uns und fingen keine Diskussionen an, das war uns echt zu blöd.
Naturgemäß sehe und bewerte ich heute vieles gänzlich anders als mit Mitte zwanzig, aber das nur nebenbei. Säße ich in einem Reisebus und hätte eine Horde entfesselter, schräger Typen und Punks im Nacken, würde ich den Busfahrer zwingen, auf der Stelle anzuhalten und die Bande auf die Straße zu setzen. Wir gibbelten, lärmten und lachten lautstark und ohne Rücksicht auf die Mitreisenden.
An unserem vorläufigen Reiseziel in Holland angekommen, gingen wir aufs Schiff, das sofort Fahrt aufnahm und aufs offene Meer hinaustuckerte. Sobald wir die Grenze der Dreimeilenzone passiert hatten, öffnete der Laden an Bord, und alle (außer uns) strömten dorthin, um sich mit Schnaps, Zigaretten, Butter und Kaffee einzudecken. Dann wurde unter Deck kräftig gefeiert und die Hälfte der Flaschen geleert. Wir hatten nicht vor, etwas einzukaufen, und blieben an Deck, um die Seefahrt zu genießen. Der Metallkahn kämpfte sich tapfer durch die kabbelige See, der Wind zerzauste unsere sorgfältig mit Zuckerwasser und Seife gestalteten Frisuren, und die Gischt sprühte auf unsere schicken spitzen Schuhe. Egal, wir fanden es klasse.
Zurück am Anleger, stürzten wir vom Schiff und rasten zum Bus. Gackernd erklommen wir das obere Stockwerk und besetzten die Panoramaplätze. Einige Minuten später tauchten sechs ältere Herrschaften hinter uns auf, die barsch verlangten, wir sollten uns gefälligst zu den Plätzen

verfügen, die wir auf der Hinfahrt innehatten. Das sei immer so gehandhabt worden, meckerten sie auf uns ein, und nur weil wir ungewaschenen Gammler ihre Freunde diesmal an der Mitfahrt gehindert hätten, heiße das noch lange nicht, dass jetzt alle nach unserer Pfeife tanzen müssten, jawoll! Drohend wurden Gehstöcke und Stockschirme gegen uns geschüttelt, und man darf nicht vergessen, dass die älteren Herrschaften (damals kamen sie uns uralt vor!) auf dem Schiff zum Teil reichlich Schnaps getankt hatten und eindeutig auf Krawall gebürstet waren.

Wir wankten und wichen natürlich keinen Zentimeter, das sahen wir überhaupt nicht ein, immerhin aber zogen wir unsere Tickets aus der Tasche, um nachzuschauen, ob es Platzkarten waren.

Waren es nicht.

Wir verschränkten bockig die Arme, während uns die aufgebrachte Meute Zentimeter um Zentimeter näher auf den Pelz rückte. Wo denn auf den Tickets stehe, dass man den gleichen Platz wieder einnehmen müsse, verlangten wir frech zu wissen (Diplomatie war ein Fremdwort für uns) und lösten damit erneutes Gezeter und Gemecker aus.

Kurz bevor die Situation vollends eskalieren konnte, tauchte die Reiseleiterin auf, bahnte sich einen Weg durch die aufgebrachte Meute und flehte uns fast auf Knien an, doch bitte ... um des lieben Friedens willen ...

Auch diese arme Frau musste meinen Klugscheißervortrag über sich ergehen lassen: keine rechtliche oder vertragliche, mit dem Ticketkauf eingegangene Verpflichtung für uns ... blabla ... sie könne uns nicht zwingen, die Plätze zu verlassen ... blabla ... sie könne gern die Polizei rufen ...
BLABLABLA ...

Dummschwätzerei vom Feinsten halt.

Ich sehe heute noch, wie sie die Augen verdrehte – völlig zu Recht. Von allen Seiten wurde weiter auf uns einkrakeelt, und schließlich gaben wir auf und verzogen uns nach unten. Ich für meinen Teil hatte keine Lust, mit einer Krücke oder einem knorrigen Gehstock einen neuen Scheitel gezogen zu bekommen, und die Stimmung war mittlerweile unverhohlen aggressiv.

Aber wir ließen unsere Mitfahrer büßen, indem wir sie während der gesamten Rückfahrt nachäfften und imitierten. »Sieh mal, wie unordentlich dieser Garten ist! Alles Gammler, diese verdammten Holländer. Und wie kann man in einem Haus ohne Gardinen wohnen, schamlos geradezu! Sind bestimmt auch samt und sonders faule und feige Wehrdienstverweigerer ...«

Was sie nicht gesagt hatten, erfanden wir, und oh ... wir waren einfallsreich. Noch heute frage ich mich, warum sie uns nicht rausgeworfen haben.

In Recklinghausen wurden die Angeschickerten oder auch Volltrunkenen vor ihrer jeweiligen Haustür abgesetzt, und jeder Einzelne verabschiedete sich mit einem gelallten »Bischnächssewoche!«

Und da verstand ich: Dieser Bus, der jeden Freitag nach Holland fuhr, hatte normalerweise eine feste Reisegruppe an Bord, die jede Woche diesen Ausflug machte. Aufs Schiff, besaufen, Kaffee und Butter kaufen, wieder zurück. Und das für unschlagbare neun DM – für den Preis konnte man noch nicht einmal mit der Straßenbahn nach Bochum fahren, um dort in einem der schönen Cafés ein Stück Kuchen zu essen! Und unser Auftauchen hatte das schöne Gefüge durcheinandergebracht, denn wir hatten sechs schmerzlich vermissten Stamm-Mitreisenden die Plätze gestohlen.

»Lasst euch hier nie wieder blicken«, zischte man uns hinterher, als wir aus dem Bus stiegen, es fehlte nur noch der unverhohlen drohende Zusatz: »Diesmal haben wir euch noch laufen lassen, beim nächsten Mal versenken wir euch mit Stiefeletten aus Beton in der Nordsee, und eure Leichen werden niemals mehr auftauchen.«
Auch das Gesicht der Reiseleiterin sprach eine deutliche Sprache: Hier waren wir eindeutig nicht mehr willkommen. Nicht, dass uns der Sinn danach gestanden hätte, uns noch einmal in die Spießerhöhle des Löwen zu begeben ...
Wir stiegen in die Autos und rasten nach Bochum in die Zeche, denn wir wollten ja noch auf ein Konzert. Nach diesem Tag stand uns der Sinn nach ein bisschen Krawall und Dreck, und da kamen King Kurt gerade recht, eine sehr lustige Psychobilly-Rock-Punk-Wasauchimmer-Band.
Krawall machten die Jungs, und nicht zu knapp.
Sie hatten gerade einen Hit mit »Destination Zululand«, und nach ihrem Schlachtruf »Ooooh Wallah Wallah« hieß auch ihr erstes Album (das ich heute noch besitze). Ihre Bühnenshow war spektakulär: Sie waren dafür bekannt, dass sie Eier, angerissene Mehlpakete und eimerweise angerührten Tapetenkleister ins Publikum kippten oder warfen. Was für eine herrliche Sauerei – genau das Richtige nach dem Rentnerscharmützel, das wir gerade hinter uns hatten.
Es stellte sich heraus, dass auch Teile des Publikums mit Eiern und Mehl bewaffnet waren, und bald tobte eine fröhliche Schlacht. Eier flogen hin und her, der Kleister war mit Lebensmittelfarbe bunt gefärbt, und die fachmännisch angerissenen Mehlpakete öffneten sich im Flug.

Großartig. Erst kam die schleimige bunte Pampe und direkt danach der weiße Staub, gefolgt von einer Batterie roher Eier.
Ein Typ vor mir bekam ein Kilopaket Mehl an den Kopf, das offenbar nicht geöffnet worden war, bevor es von der Bühne flog, und er ging zu Boden wie vom Blitz getroffen. Aber das gehörte dazu, auch beim Pogo holte man sich schließlich blaue Flecken und Prellungen. Der Typ schüttelte kurz den Kopf, sprang wieder auf und feierte weiter.
Man konnte sich kaum noch auf den Beinen halten, denn der Fußboden war mittlerweile knöcheltief mit buntem Schlamm bedeckt, der rutschig war wie Glatteis. Nach dem Konzert schlidderten und glitschten wir kichernd nach draußen, ineinander verkrallt, wodurch wir uns natürlich immer wieder gegenseitig zu Boden rissen.
Vor der Halle wurde die muntere Schlacht fortgesetzt, und bald waren die Autos auf dem Parkplatz direkt vor dem Eingang mit einer zentimeterdicken Dreckschicht überzogen, die in der warmen Spätsommernacht rasch zu einem zementartigen Überzug trocknete. Alles war verklebt und verkleistert: unsere Schuhe, unsere Kleidung, unsere Haare ... wir sahen aus wie Eingeborene eines verrückten Stammes mitten in Afrika – in voller Kriegsbemalung.
In der Halle wurde währenddessen abgebaut, und fluchende Ordner schrubbten den Tapetenkleister mühsam zur Seitentür hinaus.
Ich habe mir später erzählen lassen, dass es bei einigen Kollegen lange Gesichter gab, als sie nach Feierabend ihre bunt verkrusteten Autos vorfanden. Manche sollen die halbe Nacht gekratzt haben, bevor sie auch nur die Fahrertür öffnen konnten.
Wir sechs Ausflügler fuhren zu mir und bewunderten ge-

genseitig unsere Frisuren, die sich dank der Kleister-Mehl-Mischung auf unseren Köpfen zu ganz neuen, schwindelerregenden Kreationen formen ließen, und fragten uns, was wohl unsere neuen Freunde, die Butterfahrt-Rentner, zu unserem hochmodischen Look sagen würden.

KAPITEL 11

Reggae für Fortgeschrittene
oder
Die heiligen Männer kommen

Bei meinem ersten Reggae-Konzert war ich 1979, mit neunzehn Jahren. Am Abend vorher hatte ich auf einer Party in Recklinghausen einen netten Typ aus Dortmund kennengelernt, und der hatte mich dazu eingeladen. In meinem Plattenschrank stand natürlich »Babylon by Bus«, das legendäre Live-Doppelalbum von Bob Marley und den Wailers. Dieser entspannte Rhythmus, zu dem man sich auf der Tanzfläche so wunderbar in Trance tapsen konnte ... aber auf einem Konzert war ich noch nie gewesen.
Mein Begleiter nickte dem Kassenmenschen nur knapp zu, und wir gingen in die Halle, ohne dass jemand Eintrittskarten von uns sehen wollte – was mir schon ziemlich imponierte. Drinnen traf mich fast der Schlag: Dichte Marihuanawolken sorgten dafür, dass ich kaum das andere Ende des Raums sehen konnte. Nicht, dass wir uns missverstehen: Mich schockierte keineswegs die Tatsache, dass hier (o mein Gott!) böse Drogen konsumiert wurden. Nein, mich machte sprachlos, dass keiner der Kiffer das Auftauchen der Polizei zu befürchten schien.
In Recklinghausen, wo ich zu dem Zeitpunkt noch lebte, waren wir andere Verhältnisse gewöhnt. Die dortige Disco, in der die coolen Leute zu Hause waren, hatte regelmäßig Besuch von Ordnungshütern. In Zivil, höhö. Wir kannten

natürlich jeden Einzelnen, und wenn sie durch die Schwingtür am Eingang kamen, spielte der DJ »Polizisten« von Extrabreit. Kennen Sie vielleicht: »Polizisten fahren stets zu zweit um dunkle Ecken in der Nacht ... Polizisten müssen wissen, wer bei Nacht was Kriminelles macht ...« Das war ein Megahit der sogenannten Neuen Deutschen Welle.

Die Zivilen streunten also betont beiläufig herum und quatschten einen wie nebenbei auf Tabak an. Wir verdrehten innerlich die Augen, rückten das Päckchen aber raus und taten so, als ahnten wir nicht einmal, dass wir es mit einem Polizeibeamten zu tun hatten: »Klar, Alter!« Der Tabak wurde dann extrem unauffällig durchgefingert, anschließend wurde ungeschickt eine Zigarette gedreht, und schon dackelte der Typ zum Nächsten weiter.

Nur ein kompletter Idiot hätte damals sein Hasch im Tabak aufbewahrt, und so zogen die Polizisten meist unverrichteter Dinge wieder ab – die Taschen ihrer hellbraunen Wildlederjacken voll selbstgedrehter Zigaretten, die sie vermutlich niemals rauchen würden. Wenn ich noch einmal Extrabreit zitieren darf: »Sie rauchen Milde Sorte, weil: das Leben ist schon hart genug ...«

Trotzdem wurden oft genug Kiffer auf dem Gelände der Disco geschnappt, denn dort hatte früher eine alte Brauerei gestanden, die erst zum Teil abgerissen war, und es gab sehr lauschige Ecken, die zum Verweilen einluden. Das wussten die Zivilen auch, und es kam durchaus vor, dass Bekannte oder Freunde von mir die Nacht auf dem Revier verbringen mussten, weil sie draußen gekifft hatten. Die Polizei machte damals für jedes noch so winzige Knickelchen Hasch ein Riesentheater. Mein halber Bekanntenkreis verbrachte seine Freizeit damit, die Sozialstunden abzuleisten, die er aufgebrummt bekommen hatte, weil er mit einem Joint erwischt worden war.

Deshalb erstaunte mich die Kaltschnäuzigkeit des Dortmunder Publikums beim Reggae-Konzert zutiefst. Ich hätte es nie gewagt, in der Öffentlichkeit ...

Gerade hatte ich meine Fassung einigermaßen zurückgewonnen, als mein Begleiter mit lässiger Geste einen Joint aus seiner Westentasche zauberte, ihn anzündete, lange daran zog, inhalierte und an mich weiterreichte.

»Bist du verrückt? Wenn die Polizei ...«, ich sah mich gehetzt um.

Er wollte sich vor Lachen schier ausschütten und deutete in die von Marihuanaschwaden vernebelte Halle. »Hier rauchen alle. Entspann dich. Das ist okay. Jetzt rauch.«

Und weil ich ein braves, folgsames Mädchen war, tat ich wie geheißen, obwohl mir doch ein kleines bisschen die Knie schlotterten. Das Konzert fing an, der Bass wummerte, und zweihundert bedröhnte Gestalten grinsten debil vor sich hin und taten das, was sie für Tanzen hielten. Zweihundert Gummipuppen in Götterspeise. Und ich mittendrin.

Wie dem auch sei – zweifellos bestätigt der geschilderte Konzertbesuch das typische Reggae-Image.

Was fällt einem zu Reggae als Erstes ein? Dunkelhäutige, attraktive Kiffer mit langen Dreadlocks, entspannte Menschen unter Palmen, Fröhlichkeit, pure Lebensfreude. Genau. Das ist das Klischee. Die Fans, die sich Dreadlocks zwirbeln, sich die Birne wegkiffen und sich als Rastafaris bezeichnen, haben oft genug nicht den Hauch einer Ahnung von dem, was hinter dem Klischee steckt, sondern benutzen diese Äußerlichkeiten, um müßig den Tag zu vertrödeln (gern bezeichnet man sich dann auch als »Le-

benskünstler«) und sich zu wünschen, auf Jamaika zu leben.
Die Wirklichkeit sieht anders aus. In Wirklichkeit ist überhaupt nichts entspannt mit den Rastafaris – wenigstens nicht, wenn man für sie kochen muss.
Zum besseren Verständnis vorweg ein wenig Hintergrundinformation: Die Jungs mit den »Dreadlocks« genannten Filzzöpfen (oder »Dreckslocken«, wie ein Freund von mir immer sagte) sind Anhänger einer 1930 auf Jamaika entstandenen Religion, deren Gott aufgrund einer Prophezeiung der in ebenjenem Jahr zum äthiopischen Kaiser gekrönte Haile Selassie ist. Diese Religion orientiert sich an der christlichen Bibel und hat strenge Regeln. Alles hat eine religiöse oder politische Bedeutung: die Frisur, der Konsum von Marihuana und die Rastafarben Grün, Gelb und Rot. Homosexualität wird abgelehnt, Frauen haben dem Mann zu gehorchen, ihn zu umsorgen und treu zu sein – Letzteres gilt umgekehrt nicht für den Mann. Tabak und Alkohol sind verboten, und man ernährt sich möglichst pflanzlich. So.
Entsprechend kompliziert wurde es, wenn in der Zeche ein Reggae-Konzert stattfinden sollte. Gespannt warteten alle auf die Cateringanweisung der Tourleitung, in der festgeschrieben war, welche Snacks und Getränke die jeweilige Band in der Garderobe vorzufinden wünschte – und wir durften sicher sein, dass es mit einer Kiste Bier und einer Schnittchenplatte nicht getan sein würde.
Auch ich bekam immer detaillierte Vorgaben und war gut beraten, sie minutiös zu befolgen. Wir hatten es mit stolzen Männern zu tun, die durchaus imstande waren, ein Konzert ausfallen zu lassen, wenn man ihre Wünsche nicht erfüllte – wie mir ein Tourbegleiter einmal schaudernd er-

zählte. Er machte keinen Hehl daraus, dass er so etwas niemals mehr erleben wollte. Seine Sorgen waren unbegründet, denn wenn jemand aus religiösen Gründen dieses oder jenes nicht essen darf oder will, respektiere ich das natürlich.

Bei den meisten Reggae-Bands kam ich mit Reis, Salat und Gemüse glimpflich davon. Aus diesen Zutaten kann man wunderbare Menüs zaubern. Rotes Fleisch (Schwein, Rind) war verpönt, aber manche gelüstete es nach Geflügel oder Fisch.

Nehmen wir Geflügel: Fand ich beim ersten Mal super, denn ich hatte Putenbrust im Kühlhaus, aus der ich ein Ragout zu kochen plante, das sich bei den gastierenden Bands bisher noch immer als Schlager erwiesen hatte.

Nicht so bei den Rastamännern.

Wenn schon Fleisch, muss das Tier noch zu erkennen sein, es sollte möglichst im Naturzustand verarbeitet werden, wie ich schmerzhaft lernte. Dummerweise hatte uns aber niemand darüber aufgeklärt, oder vielleicht war die Information auch irgendwo zwischen Büro und Küche versickert. Ich rührte jedenfalls eifrig in meinem großen Kochtopf, als der Tourbegleiter in die Küche kam.

»Klappt das mit dem Geflügel?«

Ich wies auf den Topf. »Ist gleich fertig und kann dann jederzeit serviert werden. Falls ihr erst nach dem Auftritt essen wollt, auch kein Problem.«

Er stierte ungläubig in den Topf. »Das soll für die Band sein?«

Mir schwante Übles. »Ja, wieso ...?«

»Du hast die Anweisungen nicht bekommen, richtig? Das können wir den Jungs nicht servieren.«

Ich konnte ihn nur fassungslos anstarren. Ich hatte das

Thema erledigt gewähnt, indem ich ein köstliches Putenragout gekocht hatte. Eine Alternative stand nicht zur Verfügung – und jetzt wollte dieser Typ mir erzählen, dass die Band nichts davon anrühren würde?

»Hähnchen«, dozierte er, »mit Knochen. Hat religiöse Gründe. Kopf darf gern, muss aber nicht mehr dran sein.«

»Und die Federn?«

Er lachte, aber das änderte nichts an der Tatsache, dass ganz schnell eine Lösung gefunden werden musste. Es war illusorisch, jetzt noch einkaufen gehen zu wollen, was also konnte ich tun? Schließlich schickte ich einen Ordner zum nächsten Imbiss und ließ ihn ein paar Grillhähnchen besorgen – die hatten noch alle Knochen, und man konnte zweifelsfrei sehen, um welches Tier es sich handelte. Nach dem Konzert servierte ich also Knochenhähnchen, eine Gemüseauswahl und Reis – und die heiligen Männer hatten zu meiner grenzenlosen Erleichterung nichts zu meckern. Während ihre Fans sich ganz stilecht mit Hackfleischtoast vollstopften, kamen die Rastamänner stumm und hoheitsvoll ins Restaurant geschwebt, ohne von ihren Bewunderern auch nur die geringste Notiz zu nehmen.

Als kurz danach von einer anderen Band Fisch verlangt wurde, war ich also vorgewarnt. Entsprechend entsetzt war ich, als ich für das Bandessen Fischfilet vorfand. Ich rief nach dem Einkäufer, der inzwischen in der Bühnencrew mitarbeitete und mürrisch in die Küche geschlurft kam.

»Du hast falsch eingekauft. Ich brauche komplette Fische, die Filets kann ich nicht gebrauchen.«

»Wieso denn nicht?«

»Ist völlig egal. Ich brauche Fische mit Flossen, Kopf und Schuppen, vor allem aber mit Gräten.«

Der Kollege wirkte belustigt. »Gräten sind doch scheiße. So ist es viel besser. Ich würde mich freuen, wenn im Fisch keine Gräten wären.«

»Danke für deine Meinung, die mich leider überhaupt nicht interessiert. Die Rastas werden das hier nicht essen. Ich brauche anderen Fisch.«

»Die sollen sich nicht so einscheißen.« Er drehte sich um und ging.

Ich rannte hinterher und schrie: »Komm sofort zurück, du musst noch mal los, Fische besorgen!«

»Du kannst mich mal!«, brüllte er zurück, und hinter mir ertönte eine andere Stimme: »Was ist denn hier los?«

Ups, mein Chef. Einer meiner Chefs, um genau zu sein. Leider nicht der Nette von den beiden.

Als ich ihm die Situation erklärt hatte, sagte er: »Hier wird nicht noch einmal Geld ausgegeben, verstanden? In der Tiefkühltruhe müssen noch Forellen sein.«

Ich arbeitete zu dem Zeitpunkt noch nicht lange in der Zeche, und die Tiefkühltruhen hatte ich bisher nur für Vanilleeis benutzt. Was da noch alles in ihren Tiefen schlummerte, wusste ich nicht. Forellen waren mir jedenfalls noch nie begegnet.

Er ging zur Truhe, öffnete den Deckel, tauchte mit dem Oberkörper hinein und räumte raschelnd irgendwelchen Kram von rechts nach links. Dabei murmelte er: »Hier muss doch irgendwo ... ich bin ganz sicher, dass hier irgendwo ... wir haben doch damals, als ...« Murmelmurmelmurmel.

Triumphierend holte er mehrere dick mit Eis verkrustete, schmale Packungen aus den Tiefen der Truhe und ließ sie über den Edelstahltisch schliddern.

»Hier, bitte, da hast du deinen Fisch. Mit Kopf und Haut

und Flossen. Man muss nicht immer sofort losrennen und Geld verplempern.«
»Seit wann sind die da drin?« Jede Packung enthielt zwei Regenbogenforellen zweifelhaften Alters.
»Ist doch egal. Die sind tiefgefroren.«
»Ich will die nicht verarbeiten. Wer weiß ...«
»Blödsinn«, unterbrach er mich und verließ kopfschüttelnd die Küche.
Die Band wollte erst nach dem Konzert essen, also hatten die knüppelhart gefrorenen Fische Zeit, langsam aufzutauen. Ich fühlte mich nicht besonders behaglich mit der Situation, aber wenn ich mich geweigert hätte, wäre ich wahrscheinlich umgehend ohne Job gewesen.
Das Konzert begann, es war ruhig in der Küche, und ich war dabei, das Band-Essen vorzubereiten, als der Tourbegleiter in der Küche erschien. Diese Jungs tauchten immer wieder mit wechselnden Bands in der Zeche auf. Meist waren es hochbezahlte Fachkräfte, die freiberuflich arbeiteten. Wer heute mit den Red Hot Chili Peppers in der Zeche war, konnte morgen schon mit Udo Jürgens auf Tour gehen.
Die Musik der Band drang durch die Hallentür zu uns in die Küche, und der Tourbegleiter verdrehte die Augen.
»Ich bin froh, wenn ich diese Tour hinter mir habe«, stöhnte er, »das sind totale Nervensägen.«
»Nicht so pflegeleicht, die Jungs?«
Er schüttelte den Kopf. »Schön wär's. Die machen total einen auf heilig. Ein verdammter Terror. Reden selbst mit mir nur das Nötigste, diese arroganten Heinis. Und wenn irgendwas nicht nach ihrer Nase geht, brennt die Steppe.«
»Wem sagst du das. Ich kann nur hoffen, den dämlichen Forellen fallen beim Braten nicht die Augen raus!«

Wir gackerten eine Runde, dann sagte er: »Ist doch alles nur Show.«

Bei den Konzerten werde auf die strikte Einhaltung der religiösen Essensvorschriften bestanden, erzählte er mir, und er sei gezwungen, diese Vorgaben gnadenlos durchzusetzen, obwohl das bei den Veranstaltern, die keine eigene Küche zur Verfügung hätten, zu jeder Menge Stress führe. Welcher Pizzaservice oder welche Imbissstube biete schon gebratene Forellen an?

Aber nach den Konzerten sei plötzlich alles ganz anders, fuhr er fort. Dann nämlich müsse er mit dieser Band jede zweite Autobahnraststätte ansteuern, damit die dann schlagartig ziemlich unheiligen Männer sich den Bauch mit Schnitzel, Currywurst und Pommes frites vollschlagen konnten.

Schlecht gelaunt musterte ich die langsam auftauenden Fische, und die Forellen starrten höhnisch zurück. So lustig die Geschichte des Tourbegleiters eigentlich war – mir wäre lieber gewesen, ich hätte sie nie erfahren. Er hatte Terror deswegen, und ich nicht weniger. Schreierei mit dem Kollegen, Theater mit dem Chef – und alles nur, damit die dämliche Band ihr Image pflegen konnte. Kurz stach mich der Hafer: Die aßen doch nach dem Konzert – wen kümmerte es, ob der blöde Fisch noch Augen, Gräten, Beine oder Ohren hatte? Was wollten sie machen? Sich auf den Boden werfen und die Luft anhalten, bis sie ihren Willen bekamen?

Aber mein einsamer Protest wäre sang- und klanglos in den unendlichen Weiten des Universums untergegangen, und noch ein paar Runden im Ring mit meinem wütenden Chef brauchte ich ebenfalls nicht. Also wartete ich auf das Ende des Konzerts und das Eintreffen der heiligen Männer, mehlte brav die Forellen und briet sie kross von beiden Seiten. Das Essen wurde serviert, wir wurden mit keinem obskuren jamaikanischen Fluch belegt, und alles war gut.

Eins darf man mir getrost glauben: In diesem speziellen Fall war es mir dann ganz egal, ob und wie die Forellen schmeckten. Schließlich würden die heiligen Männer vermutlich noch in derselben Nacht die nächstbeste Burger-Braterei überfallen.

Natürlich änderte mein Wissen über das geheime Leben dieser speziellen Band nichts daran, dass ich trotzdem die Anweisungen, die ich bekam, zu erfüllen hatte. Und Reggae-Musik macht mir auch nach wie vor Spaß.

Nicht nur in diesem Fall bekam ich einen entlarvenden Blick hinter die Fassade von Künstlern geboten – daran hatte ich mich während meiner Tätigkeit schnell gewöhnt.

Und letztendlich nötigte mir auch diese kleine Episode nicht viel mehr ab als ein Achselzucken.

KAPITEL 12

Nicht jeder sprang so geschmeidig auf den Partyzug auf, wie ich das getan hatte, als ich in der Zeche anfing. Es gab auch Mitarbeiter, die keinerlei Interesse daran hatten, weil sie ein ordentliches Studentenleben führten und über die Arbeit hinaus nichts mit der Kneipen- und Discoszene zu tun haben wollten.
Was aber, wenn man eigentlich wollte, jedoch nicht konnte?
Weil man einfach zu schüchtern war?
So wie Tom, der praktisch vor meinen Augen die schnellste Drogenkarriere hinlegte, die ich jemals erlebt habe.
Tom war attraktiv, wirklich smart und sehr introvertiert. Er arbeitete als Aufbauhelfer und an der Tür, ansonsten hatte er drei Dinge im Leben, die ihm wichtig waren: sein Motorrad, sein Studium und Bodybuilding. Er rauchte nicht, trank nicht, ernährte sich gesund und fuhr nach der Arbeit immer sofort nach Hause. Leider wünschte er sich, dazuzugehören.
Wozu? Zu den Kollegen, die so lässig, entspannt und vertraut miteinander umgingen und augenscheinlich viel Spaß hatten, vor allem nach Feierabend. Wir flirteten miteinander, und mit einigen der Kollegen verbrachten wir

mehr Zeit als mit unseren Familien oder Partnern (sofern es welche gab).

Die männlichen Profi-Partykönige im Team der Zeche bemerkten Toms Sehnsucht natürlich, denn Sumpfbewohner haben ein untrügliches Gespür für willige Opfer, die sie ebenfalls in den Sumpf ziehen und zu Komplizen machen können. Zwei Jungs beschlossen, Tom unter ihre Fittiche zu nehmen.

Es fing ganz harmlos an: Tom rauchte plötzlich, was er wegen seiner sportlichen Aktivitäten vorher immer strikt abgelehnt hatte. Tom mit Zigarette war ein ungewohnter Anblick, aber dabei blieb es nicht.

Ein paar Tage später beschlossen die Jungs, dass es Zeit für die Zündung der nächsten Stufe sei: Toms ersten Alkoholrausch. Die eingeweihte Tresenkraft in der Disco servierte ihm einen großzügig gemixten Tequila Sunrise nach dem anderen. Der Drink war fruchtig und süß genug, dass Tom die Wirkung des darin enthaltenen Alkohols dramatisch unterschätzte. Er tauchte im Laufe der Nacht mehrfach bei mir in der Küche auf, jedes Mal betrunkener als zuvor, schwenkte sein Longdrinkglas und grölte herum, dass es ihm so gut gehe wie nie zuvor, und ob ich nicht auch einen »Tekwanssseisss« wolle, er müsse unbedingt mit mir anstoßen.

Dann wankte er von dannen, und bei mir läuteten alle Alarmglocken, denn wir waren ziemlich gut befreundet, und ich ahnte, was unten in der Disco abging. Ich raste hinunter in die Halle, schnappte mir die Tresenmaus und verlangte von ihr, sie solle aufhören, Tom mit Alkohol zu versorgen.

»Wieso?«, stellte sie sich doof. »Er kommt immer wieder und will noch einen.«

»Na und? Er ist doch viel zu besoffen, um noch zu merken, ob der Drink korrekt gemixt ist. Gib ihm einfach Orangensaft, verdammt!«
Sie zuckte mit den Schultern und grinste dämlich. Mehr konnte ich nicht tun, denn ich musste zurück an meinen Herd.
Den weiteren Verlauf des Abends kenne ich nur aus Berichten von Augenzeugen: Irgendwann torkelte Tom draußen über den Schotterparkplatz, stolperte und knallte ungebremst aufs Gesicht, wobei er sich das Kinn aufriss. Ein Türsteher bugsierte ihn in sein Auto – sinnigerweise fuhr er einen ausrangierten Krankenwagen – und chauffierte ihn ins nächstgelegene Krankenhaus. Dort blutete er alles voll, beschimpfte die diensthabende Nonne unflätig und soll sich anschließend auf sie übergeben haben. Irgendwann gelang es, ihn zu bändigen – er hatte sich natürlich heftig gesträubt, mit dem Hinweis, es gehe ihm bestens und die Ärzte sollten gefälligst ihre »schwulen Flossen« von ihm nehmen. Sein Kinn wurde genäht, und ich bin beinahe sicher, dass die genervten Ärzte absichtlich dieses absurd knallblaue Garn benutzten, mit dem er dann tagelang ziemlich verlegen herumlief.
Aber seine neuen besten Freunde waren noch längst nicht fertig mit ihm. Stufe drei wurde gezündet: Ein Ausflug nach Amsterdam und die ersten Joints seines Lebens standen auf dem Plan. Ich sehe Tom noch heute aus dem Wagen kollern, als die Jungs zurückkamen und feixend an der Zeche vorfuhren. Tom war kreidebleich, murmelte wirres Zeug vor sich hin und roch nicht besonders gut. Der letzte Joint musste wohl schlecht gewesen sein, denn sie hatten auf der Rückfahrt alle paar Kilometer anhalten müssen, damit er sich am Straßenrand übergeben konnte.

Sein neuer Lebenswandel bescherte Tom reichlich Ärger mit seinen Eltern, bei denen er immer noch wohnte. Natürlich verstörte es sie zutiefst, dass er neuerdings bis mittags schlief, anstatt brav zur Uni zu gehen. Irgendwann platzte seinem Vater der Kragen, und nach einem Riesenstreit zog Tom zu Hause aus und bei mir ein.

Meine beiden Katzen liebten ihn, denn er mixte sich immer diese Eiweißdrinks für Bodybuilder und kleckerte das Zeug durch die gesamte Küche, wenn er mit dem randvollen Mixbecher in sein Zimmer ging. Die Katzen klebten an seinen Fersen und leckten die Pfützen – wahlweise nach Schokolade, Banane oder Vanille schmeckend – begeistert auf.

Wenn ich mir eingebildet hatte, Toms weiteren Absturz verhindern zu können, so musste ich rasch feststellen, dass ich mich schwer getäuscht hatte. Seine beiden Lehrmeister waren von Stund an Dauergäste bei uns, und als ich eines Tages von der Arbeit kam, saßen sie am Küchentisch und grinsten breit. Tom sprang bei meinem Anblick auf, raste in der Küche herum und schnatterte mit Überschallgeschwindigkeit: »BrendakommherwirhabenKokswillstduauchwasdasistvölliggenialdumusstunbedingtauch …« So ging es minutenlang weiter, er schien zwischendurch nicht einmal Luft zu holen.

Seine neuen Kumpels am Tisch lachten sich schief, doch ich wurde wütend. Meine Schimpftirade löste noch größere Heiterkeit aus, und Tom plapperte vergnügt weiter: »Jetztbleibmallockerziehdir'neLine!«

Den Satz »Jetzt bleib mal locker« servierte er mir in den folgenden Wochen noch häufiger, und ich kann ihn bis heute nicht hören, ohne dass mir augenblicklich der Draht aus der Mütze fliegt. Es wurde immer schlimmer, und irgendwann schleppten sie mir Heroin in die Wohnung. Ständig hockten die drei total bedröhnt am Esstisch und gingen mir auf die Nerven. Wenn ich ihm Vorhaltungen machte, winkte Tom lässig ab und teilte mir mit, ich solle mich nicht so aufplustern, schließlich würden sie das Zeug nicht spritzen, sondern »nur« rauchen. Mir war das völlig egal, ich wollte diesen Dreck nicht in meiner Wohnung haben.

Es kam, wie es kommen musste: Irgendwann konnte ich nicht mehr und warf ihn raus. Ich gab ihm drei Wochen Zeit, sich eine neue Bleibe zu suchen, und verschanzte mich von Stund an in meinem Zimmer. Ich verweigerte ihm jegliche Kommunikation, wenn wir uns in der Wohnung begegneten, und reagierte nicht auf sein Klopfen an meiner Zimmertür.

Ich setzte ihn damals nicht gern vor die Tür, denn ich mochte ihn sehr, aber ich konnte sein Verhalten – noch dazu in meiner Wohnung – weder akzeptieren noch entschuldigen.

Zwei Jahre später – wir hatten in der Zwischenzeit keinen Kontakt gehabt, zumal er auch aufgehört hatte, in der Zeche zu arbeiten – traf ich ihn als Türsteher einer anderen Disco wieder. Er zuckte bei meinem Anblick sichtlich zusammen, aber als ich nicht wütend wurde, grinste er verlegen und kam auf mich zu.

»Kann ich dich mal sprechen?«

Sicher, denn ich war neugierig, was er zu sagen hatte. Er entschuldigte sich bei mir für sein Verhalten und sagte, er schäme sich, mein Vertrauen derart missbraucht zu haben, nachdem ich ihm Unterschlupf gewährt hatte. Damals habe er meine knallharte Reaktion nicht verstehen können, aber mittlerweile sei er dankbar, dass ich ihm so kom-

promisslos entgegengetreten sei. Er konsumiere keine Drogen mehr, habe den Kontakt zu den Jungs abgebrochen und sein Studium wieder aufgenommen. Ob ich ihm verzeihen könne?
Natürlich konnte ich. Ich war sehr erfreut, dass er sich berappelt hatte, denn ich hatte eine Zeitlang wirklich geglaubt, dass sein völliger Absturz nicht mehr zu verhindern sei.
Zuletzt traf ich ihn vor ungefähr vier Jahren zufällig in Bochum. Er sah super aus, war glücklich verheiratet und erzählte von seinem wohlgeratenen Nachwuchs.
Was lernen wir daraus? Manchmal ist ein herzhafter Tritt in den Hintern genau das Richtige.

PS: Hier soll nicht der Eindruck entstehen, als hätte das Personal in der Zeche nur aus Drogensüchtigen bestanden. Aber wenn man in dieser Branche arbeitet, ist man gefährdet, abzurutschen. In großen Diskotheken treibt sich viel Volk herum, und dazu gehören auch Leute, von denen man nicht wissen möchte, womit sie ihren Lebensunterhalt verdienen. Nicht jeder schafft es, den gebührenden gesunden Abstand zu halten.

KAPITEL 13

Immer wieder Silvester
oder
Wenn nicht nur die Böller explodieren...

In der Zeche gab es Schichten, die besonders unbeliebt waren. Wer in der Gastronomie beschäftigt ist, hat sowieso automatisch dann Dienst, wenn die anderen feiern – am Wochenende oder an Feiertagen. So gab es Tage, an denen wir uns am liebsten kollektiv krank gemeldet hätten. Ich will hier nicht von den gefürchteten Vollmondnächten anfangen, obwohl ich sagen muss, dass die immer sehr speziell waren. Mag sein, dass es statistisch gesehen nicht mehr Vorfälle gibt als in anderen Nächten, aber die Besucher der Zeche waren bei Vollmond deutlich aggressiver und flippten schneller aus. Nein, hier soll es um die brisanteste Zeit im Jahr gehen: die Weihnachtszeit.

Jedes Jahr, wenn Herman Brood im Programm stand, wussten wir, es war wieder so weit: Weihnachten! Es hatte Tradition, dass der wilde Rocker aus Amsterdam zwischen Weihnachten und Neujahr in der Zeche spielte, und diese Konzerte waren jedes Mal ein großes Abenteuer: Würde er durchhalten, oder war er mal wieder so breit, dass er auf offener Bühne umfiel und vielleicht sogar wiederbelebt werden musste? Einmal war das der Fall – ich weiß nicht mehr, in welchem Jahr.

Es war nicht nur den winterlichen Temperaturen geschuldet, dass wir uns in der zweiten Dezemberhälfte ganz warm

anziehen mussten. Die Zeche erschien uns noch voller als sonst, und die Leute hatten die Taschen voller Weihnachtsgeld, das sie mit beiden Händen ausgaben. Nur am Heiligen Abend hatten wir geschlossen, an allen anderen (Feier-) Tagen tobte die Meute bis in die Morgenstunden, und wir konnten vor Erschöpfung kaum noch aus den Augen gucken. Zwischen Weihnachten und Neujahr fanden kaum Konzerte statt – vielleicht, weil mit dem Discopublikum mehr Geld zu verdienen war. Oder, ganz simpel, weil auch wilde Rockbands Weihnachten gern zu Hause bei ihren Lieben sein wollten.
Interessanterweise war während dieser Zeit das allgemeine Aggressionspotenzial besonders hoch. Es verging kein Abend ohne diverse Scharmützel unter den Gästen. Durch die weihnachtliche Besinnlichkeit und das zwangsweise Zusammensein mit ihren Familien waren die Leute offenbar genervt und versuchten, ihre innere Spannung dadurch abzubauen, dass sie den Nächstbesten einfach umschubsten. Umschubsen *mussten,* es ging einfach nicht anders. Binnen Sekunden prügelte sich dann die halbe Halle, als hätten alle nur darauf gewartet, dass es endlich losging. Danach gefragt, warum sie eine Schlägerei angezettelt hatten, lallten die betrunkenen Testosteronbomber meist: »Der hat mich so doof angeguckt.«
Ja, das ist wirklich ein guter Grund.
Wo kämen wir denn hin, würden wir nicht jedem, der zufällig in unsere Richtung guckt, sofort kräftig eins aufs Maul hauen!?
Meist gelang es den Ordnern, schnell wieder Ruhe zu schaffen. An Großkampftagen wurde alles rekrutiert, was zwei gesunde Arme und Beine hatte: wilde Rocker, Aufbauhelfer und professionelle Türsteher. Zwei der Jungs

Der etwas andere Weihnachtsmann - Herman Brood

waren dekorierte Judospezialisten, und wer gegen sie aufmuckte, lag Zehntelsekunden später verdutzt auf der Erde. Wurde Alarm gegeben, kam die schnelle Eingreiftruppe, wild mit den Armen rudernd, in die Discohalle gestürmt und bahnte sich unbarmherzig eine Schneise durch die gaffende Menge. Man muss sich das vorstellen wie in Asterix-Comics, wenn die Bewohner des kleinen, unbeugsamen gallischen Dorfes die römische Armee zur Seite rempeln. Auch den einen oder anderen Kollateralschaden gab es zu beklagen, wenn Zuschauer nicht schnell genug zur Seite sprangen, um den Kriegern für den Frieden in der Disco Platz zu machen.

Die Ordner fackelten nicht lange, packten die Kombattanten am Kragen und schleiften sie aus der Halle. Die Störenfriede wurden vor die Tür gesetzt und erhielten Hausverbot, und die Disco lief weiter. Nicht immer traf es die Richtigen, es konnte auch passieren, dass sich der Angegriffene, der sich nur verteidigt hatte, auf dem Parkplatz wiederfand. Aber die Ordner waren schließlich nicht dafür da, gerecht zu sein, sondern um für Ruhe zu sorgen.

Silvester war immer besonders heftig, denn dann hatten wir schon früher geöffnet als an normalen Abenden, und die Schicht dauerte nicht nur bis fünf Uhr morgens, sondern mindestens bis sieben oder acht. Ab spätestens 18 Uhr war der Laden rappelvoll, und jeder einzelne Gast schien seinen persönlichen Trunkenheitsrekord in der letzten Nacht des alten Jahres noch einmal brechen zu wollen. Offensichtlich galt eine Silvesterparty nur dann als gelungen, wenn man sich am nächsten Morgen an nichts mehr erinnern konnte und das Portemonnaie leer war. Rasend schnell waren alle sturzbetrunken, und die Ordner rannten schwitzend von einem Kriegsschauplatz zum nächsten, um Wogen zu glätten und Schlägereien zu beenden. Die Drohung, Hausverbot erteilt zu bekommen, wenn man keine Ruhe gab, wirkte meist, denn wer wollte schon heulend auf dem Parkplatz hocken, während die Kumpels in der Zeche feierten?

Unsere Arbeitspause während der Silvesterschicht fand um Mitternacht statt, wenn die Gäste nach draußen strömten, um das Feuerwerk zu beobachten und mitgebrachte Kracher in den Himmel zu schicken. Uns blieb eine knappe halbe Stunde, um zu verschnaufen, kurz mit einem Schluck Sekt anzustoßen, einigermaßen wieder zu Sinnen zu kommen und uns für die zweite, längere und wildere Hälfte der Schicht zu wappnen. Wir waren erschöpft, aber wir wuss-

ten, es konnte nur noch schlimmer werden. Während der nächsten sechs bis acht Stunden würden die Betrunkenen uns speichelsprühend Hunderte Male »Froosneusjaaaaaaaah!« ins Gesicht brüllen, dabei großzügig ihren Alkoholatem verströmen und versuchen, uns zu umarmen. Vor derlei Übergriffen waren wir in der Küche keineswegs geschützt, denn die Tür stand immer offen. Es konnte durchaus passieren, dass plötzlich irgendwelche Gäste mit unstillbarem Mitteilungsbedürfnis hinter mir standen. Meine schärfste Waffe, ohne unhöflich werden zu müssen: strenge Einhaltung der Hygienevorschriften. »Wenn man euch hier sieht, verliere ich meinen Job, Jungs!«
Diese Silvesternächte waren immer wahnsinnig anstrengend, aber irgendwann wurde es dann auch ruhiger. Das Publikum war längst zu müde, bedröhnt und betrunken, um sich noch zu prügeln. Wir vom Personal surften eigentlich recht friedlich in den ersten Vormittag des neuen Jahres und waren ab einem bestimmten Punkt die Einzigen unter den Anwesenden, die sich noch bewegten. Hier und da hockten ein paar weggetretene oder schlafende Gäste, um die sich die Ordner kümmerten.
Eine Silvesternacht gab es allerdings, in der die Situation völlig eskalierte.
Die üblichen Scharmützel unter den Gästen wurden gewohnt souverän geregelt, bis ein paar Jungs aus dem Nachbarort Hattingen auftauchten, die schon seit Wochen immer wieder unangenehm aufgefallen waren. Sie sahen nicht nur aus wie hauptberufliche Söhnchen, sondern stammten tatsächlich aus gutbürgerlichen Elternhäusern: Sohn vom Anwalt, Sohn vom Arzt etc. Sie hatten die Taschen voller Geld und bevorzugten, soweit man wusste

beziehungsweise beobachtet hatte, pulverförmige Drogen, die traditionell durch die Nase konsumiert werden. Wie allgemein bekannt ist, fühlen sich dann auch kleine Würstchen wie echte Kerle, und dementsprechend verhielten sie sich: Sie traten extrem großspurig auf, lungerten im Eingangsbereich herum und quatschten weibliche Gäste an. Obwohl sie ziemlich nervten, hatte niemand sie jemals so recht ernst genommen. Im Gegenteil, die Türsteher hatten sich eher über sie lustig gemacht, was sich dann als großer Fehler erwies.

Wie später ermittelt wurde, hatten sie offenbar beschlossen, »den Laden zu übernehmen«, und sich dafür die Silvesternacht ausgesucht. Den Laden übernehmen – hat man je so etwas Bescheuertes gehört? Was glaubten diese Vollidioten, wo sie waren? Mitten in einem Kiezdrama? Und – was sollte nach der »Übernahme« passieren? Ging es darum, zu entscheiden, wer reindurfte und wer nicht? Schutzgelderpressung? Oder wollten sie keinen Eintritt mehr zahlen und umsonst saufen? Jede Wette, die Jungs hatten nicht weiter gedacht als bis zu ihrer koksverstopften Nase. So lächerlich das heute klingen mag, die Folgen waren damals dramatisch.

Es war gegen zwei Uhr morgens, als die Hattinger auftauchten. Gleichermaßen clever wie feige hatten sie sich einen Zeitpunkt ausgesucht, an dem sie die Ordner mit Scharmützeln in der Halle beschäftigt glaubten – was nicht der Fall war. Die Bübchen, die niemand ernst genommen hatte, waren mit Rasiermessern bewaffnet und griffen ohne großes Vorgeplänkel die Türsteher an, die natürlich unbewaffnet und damit sofort in der Defensive waren. Chaos brach aus, Blut floss. Einer nach dem anderen kamen die Ordner in die Küche gestürmt, auf der Suche nach Waffen.

»Gib uns deine Messer! Wir brauchen Messer! Die versuchen, uns abzustechen!«, brüllten sie und stierten wild um sich, bis zum Kragen voll Adrenalin.

Wir wussten längst von Gästen, die zu uns nach oben geflüchtet waren, was sich unten abspielte, und vor meinem geistigen Auge sah ich das Blutbad, das es geben würde, wenn ich wirklich die riesigen, scharfen Messer aus der Hand geben würde. Also weigerte ich mich standhaft, ließ mich dafür auch gern von den aufgeregten Ordnern anpöbeln und teilte stattdessen Pfannen aus, damit sie sich wenigstens verteidigen konnten.

Wir hatten jede Menge Pfannen im Küchenarsenal, die Durchmesser von ungefähr zwanzig bis zu sechzig Zentimetern – aus Eisen. Die größten Exemplare konnte ich kaum heben, und ich wollte mir nicht vorstellen, welche verheerenden Folgen es haben konnte, wenn einer unserer muskulösen Ordner damit ausholte und zuschlug. Aber es war nicht der Zeitpunkt für mädchenhafte und unangemessen zimperliche Vorsicht – immerhin setzten die Angreifer Rasiermesser ein. Vorne im Restaurant hörte ich es krachen und Holz splittern, als Gäste Stühle zerschlugen, um sich mit den Stuhlbeinen zu bewaffnen und unseren Ordnern zur Seite zu springen.

Die Schlacht tobte ohne Pause weiter, bis endlich die herbeigerufene Polizei eintraf. Leider hatte das einige Zeit gedauert, denn auch die Freund-und-Helfer-Truppe hat in der Silvesternacht ordentlich zu tun. Die Polizisten warfen sich ins Getümmel, nahmen die Angreifer fest, evakuierten die gesamte Zeche und verkündeten das Ende der Veranstaltung. Das hatte es noch nie gegeben, dass die Silvesterdisco so früh zu Ende war, aber die Polizei blieb hart – und sie würde überprüfen, ob ihrer Anweisung Folge

geleistet wurde. Abgesehen davon – niemand hatte mehr Lust, Party zu feiern, weder Gäste noch Personal.
Es gab viele Verletzte, Krankenwagen kamen mit Blaulicht vorgefahren. Einer unserer Ordner wurde sofort zu einer Notoperation ins Krankenhaus gebracht, denn er hatte eine Stichverletzung am Rücken, die, wie sich herausstellte, nur knapp die Leber verfehlt hatte.
Alle standen mehr oder weniger unter Schock, auch wir in Restaurant und Küche, die wir zwar zu keinem Zeitpunkt selbst gefährdet gewesen waren, durch die Berichte der verstörten Gäste, die bei uns Zuflucht gesucht hatten, aber immer wussten, was gerade vor sich ging.

Die Zeche war leer, die Türen geschlossen, und wir räumten unsere Arbeitsplätze auf. Es herrschte gedrückte Stimmung, nicht einmal aus der Kneipe ertönte noch die traditionelle Aufräummusik. Alle waren zu Tode erschrocken und wollten nur noch nach Hause.
Kai, der Chef der Ordnertruppe, kam zu mir in die Küche, brachte Pfannen zurück und berichtete mir haarklein, was sich unten abgespielt hatte. Er war kreidebleich und hatte etliche Blessuren, Blut im Gesicht und Abschürfungen an den Händen. Er machte den Eindruck, als könne er jeden Augenblick explodieren, so sehr schien ihn das Erzählen aufzuregen. Ich empfahl ihm, sich auf der Toilette neben der Küche das Blut abzuwaschen, danach wollte ich seine Wunden wenigstens notdürftig mit Pflaster verarzten. Als er sich umdrehte, bemerkte ich, dass sein Pullover am Rücken komplett blutgetränkt war.
»Komm mal her, Kai«, sagte ich, »du hast hinten Blut am Pullover. Lass mich mal gucken, ja?«
Er stellte sich mit dem Rücken vor mich, und erst als ich

den Pullover hochziehen wollte, sah ich es: Der Wollstoff war diagonal zerteilt, das T-Shirt, das Kai darunter trug, ebenfalls. Ich hob beides vorsichtig an und fiel fast in Ohnmacht: Quer über seinen Rücken verlief ein tiefer Schnitt. Unwillkürlich sog ich scharf die Luft ein, und Kai wollte wissen, was los sei.
»Du bist verletzt, du musst ins Krankenhaus.«
»WAS?« Er riss sich los und stürmte in die Toilette, um sich seinen Rücken im Spiegel anzusehen. Ich folgte ihm.
Das viele Adrenalin hatte verhindert, dass er Schmerzen hatte. Aus eigener Erfahrung (ich hatte mich bei der Arbeit Hunderte Male geschnitten) wusste ich, dass Schnitte von scharfen, glatten Klingen weitaus weniger weh tun als Verletzungen mit gezackten Messern. Kai tobte wie ein Berserker und schwor Rache, was ganz gegen seine sonstige, sehr besonnene Art war. Er konnte es einfach nicht fassen, dass die Angreifer mit scharf geschliffenen Rasiermessern auf Unbewaffnete losgegangen waren und riskiert hatten, sie lebensgefährlich zu verletzen.
Die Polizei ermittelte wegen gefährlicher Körperverletzung. Da ich weitab vom Geschehen gewesen war, gehörte ich nicht zu denen, die als Zeugen vorgeladen wurden. Angeblich wurden Ordner, die in Hattingen lebten, bedroht, damit sie nicht gegen die Angreifer aussagten. Aber auch ohne deren Aussagen saßen die Hattinger Bübchen in der Patsche. Die Polizei hatte sie in der Silvesternacht gleich einkassiert und mit aufs Revier genommen, schließlich gab es genug Augenzeugen für den Angriff. Die meisten der Hattinger waren bereits einschlägig vorbestraft und auf Bewährung. Aber diesmal würden die Anwalt-Papis sie nicht raushauen können, denn sie waren zu weit gegangen.

Wie mir erzählt wurde, kamen sie tatsächlich mit ihren Anwälten in der Zeche angekrochen und winselten um Gnade, man möge doch bitte die Anzeigen zurückziehen. Ohne Rasiermesser und Pulver in der Nase waren sie auf einmal so klein, wie sie geistig sowieso waren.

KAPITEL 14

**Test Department
oder
Ein Konzert organisieren?
Kann doch nicht so schwer sein!**

Im Jahr 1985 unternahm ich mit meiner Freundin und Zechenkollegin Sabine einen kleinen Pfingstausflug nach Berlin. Vermutlich sind wir per Mitfahrzentrale hingefahren, das war die damals gängige Methode, nach Berlin zu kommen. Der Zug war unbezahlbar, und ein Auto hatten wir nicht – oder zumindest keins, das die sechshundert Kilometer nach Berlin geschafft hätte. Also hieß es, Mitfahrzentralen-Roulette zu spielen. Man wusste nie, in wessen Gesellschaft man für die circa vierzig Mark Reisekosten geraten würde, aber mit ziemlicher Sicherheit würde der Fahrer ein humorloser Idiot sein, in dessen Auto man weder rauchen noch die mitgebrachten Punk-Kassetten hören durfte und der zwanghaft an irgendeiner blöden DDR-Raststätte halten musste, weil das Essen dort so billig war. Und zwar *nur* deshalb, denn die Qualität der Speisen kann unmöglich der Grund gewesen sein.

Sabine und ich besuchten damals meinen Freund Jochen, der aus Recklinghausen nach Berlin gezogen war, um dem Wehrdienst zu entgehen. Er wohnte (und wohnt immer noch) in Kreuzberg, in einer Altbauwohnung mit Kachelofen, und damals mit Badewanne in der Küche und Klo auf halber Treppe. Sein Mitbewohner trug einen echten

Katzenkiefer als Ohrring, hatte grüne Haare und hieß »Grüner« oder »Grünix«.

Die beiden hatten organisatorisch die Finger in einer Veranstaltung namens »Spielen verboten«, die im »SO36« in der Oranienstraße stattfinden sollte, einem heute noch legendären Punkclub. Die Party sollte so ein typisches nicht-kommerzielles Solidaritätsding für wen oder was auch immer sein, dessen Erlös gespendet werden sollte. Ein vollkommen durchgeknallter amerikanischer Aktionskünstler, der sich Anthony Millionaire nannte, würde uns mit seiner extravaganten Performance beglücken, außerdem spielte eine Band namens »International B.K.«, die sich wiederum aus Mitgliedern anderer Bands zusammensetzte. Ganz nach Sabines und meinem Geschmack also.

Wir hingen mit den coolen englischen Jungs einer Band namens »Test Dept« (Test Department) rum, die Jochen von einer anderen Veranstaltung kannte und die zum Teil ebenfalls bei ihm und Grünix wohnten. Sie machten auf der Bühne eine Menge Krach und gelten heute laut Internet als eine der einflussreichsten Industrial-Bands. Einige von ihnen waren ebenfalls Mitglieder bei International B. K. Sie waren politisch aktiv und hassten Margaret Thatcher. Es gibt eine LP von ihnen, die sie in den Achtzigern mit einem Chor der streikenden Bergleute in Wales aufnahmen.

Wir verstanden uns auf Anhieb blendend mit ihnen. Außerdem war das für Sabine und mich eine hervorragende Gelegenheit, unsere Englischkenntnisse mal wieder aufzubessern.

Einen Tag vor der »Spielen verboten«-Veranstaltung setzte Grünix die »Fruchtbowle« an, die man dort verkaufen wollte. Als Gefäß benutzte er ein leeres, schmuddeliges

Aquarium, in das er Unmengen billigsten Wein und gemischte Dosenfrüchte kippte. Abgerundet wurde das Ganze mit dem günstigsten wodkaartigen Fusel, der auf dem Markt zu finden war. Es war sehr warmes Wetter, das unselige Gemisch nahm Fahrt auf und hatte bei seiner Ankunft im heißen und stickigen »SO36« am nächsten Tag durch den einen oder anderen Gärungsprozess eine ganz neue Ebene erreicht. Vermutlich standen wir kurz davor, dass sich im Aquarium spontan neues Leben bildete.
Sabine und ich entschieden, uns selbst einen Gefallen zu tun und um dieses ungesunde Gesöff einen großen Bogen zu machen.
Am Veranstaltungsort musste vieles improvisiert werden, denn das »SO36« war zu der Zeit offiziell geschlossen und wurde nur für diesen Abend geöffnet. Es gab keine Zapfanlage, keine Klimaanlage oder wenigstens Fenster, und mein Gehirn hat (vermutlich aus gutem Grund) die Information blockiert, in welchem Zustand das Klo war.
Jedes Getränk, das verkauft werden sollte, musste ins »SO36« geschleppt werden, und so gab es außer der geheimnisvoll blubbernden Bowle im Aquarium lediglich eine mit ursprünglich kaltem Wasser gefüllte Badewanne, in der Dosenbier auf Käufer wartete. Alle Getränke waren lauwarm, denn in dem niedrigen, nicht zu lüftenden Raum war es unglaublich heiß.
Unter der Decke hing Anthony Millionaires Kunstwerk und stank vor sich hin. Die Installation bestand aus einem gehäuteten Kuhschädel, den er irgendwo gestohlen hatte, und einem Kuhskelett, das er aus irgendwelchem Schrott zusammengeklöppelt hatte. Das Skelett hatte eine Mechanik und bewegte sich.
Ich lachte mich kaputt darüber.

Vielleicht bin ich eine schreckliche Kunstbanausin und erkenne eine künstlerische Aussage nicht einmal, wenn sie mir mitten ins Gesicht springt, aber ich fand dieses zappelnde, stinkende Kuhdings brüllkomisch. Somit hatte der Künstler immerhin sein wichtigstes Ziel erreicht: beim Betrachter eine Reaktion hervorzurufen.

Ein- oder zweimal an diesem Abend flüchteten wir in wechselnder Besetzung mit Jochen und den Engländern aus der verrauchten, tropischen Hölle für kurze Erholungspausen in Jochens Wohnung, die nur ein paar hundert Meter entfernt war. Wir schnappten auf dem Weg frische Luft, tranken dann einen Kaffee mit Zitronensaft oder kaltes, klares Wasser und rauchten ein wenig Gras. Anschließend ging es gutgelaunt und erfrischt wieder zurück auf die Party, bei der mittlerweile fast alle Leute randvoll mit warmem Bier und warmer Bowle waren.

»Wollta ooch ne Bohle, Mädels, geb ick euch aus«, bewarb Grünix uns gegenüber immer wieder das mittlerweile wie Sekt sprudelnde Zeug in dem grün schillernden Aquarium, aber wir winkten dankend ab. Die Band trat auf und drosch unermüdlich auf Tonnen, Eisenträger und dergleichen ein, was uns Mädels gut gefiel. Muskulöse Jungs in Tanktops und Armyhosen, ziemlich sexy eigentlich. Es war ohrenbetäubend laut, aber wir waren hart im Nehmen damals. Bei einem Jagdhund würde man sagen, er ist schussfest.

Nach dem Ende der Veranstaltung verließen wir gemeinsam mit der Band das gastliche Etablissement und kamen auf dem Heimweg an Dutzenden Leuten vorbei, die sich wieder von der Bowle trennten. Wir gingen auf die riesige Baustelle gegenüber von Jochens Wohnung und setzten uns dort auf einen Erdhügel, der an drei Seiten von einem

Bauzaun umgeben war. Dieser Zaun hatte eine türbreite Öffnung, eine Art Hinterausgang zum Rest der Baustelle.
Wir hockten entspannt auf dem Hügel, der Morgen graute, wir gackerten und quatschten und sahen immer wieder Gäste der Party vorbeitorkeln, die quer über die Baustelle nach Hause gingen. Einer davon erklomm mühsam unseren Hügel, setzte sich zu uns, döste mehrmals ein und erhob sich schließlich entschlossen, um den Heimweg fortzusetzen. Er unterschätzte den Steigungswinkel des Hügels dramatisch, ging erst, lief dann und rannte schließlich armrudernd auf den »Hinterausgang« zu, verpasste ihn um zwanzig Zentimeter und knallte frontal mit dem gesamten Körper gegen den Zaun. Er wurde zurückgeschleudert und fiel um, der Länge nach auf den Rücken. Wir heulten vor Lachen, niemand machte sich ernsthaft Sorgen um seine Gesundheit. Schließlich, nach ein paar Sekunden, setzte er sich auf, schüttelte verwundert den Kopf, rappelte sich mühsam hoch und passierte beim zweiten Versuch die Öffnung im Bauzaun in tadelloser Haltung. Er schwankte über die Baustelle davon und war irgendwann verschwunden. Meiner Meinung nach war das definitiv eine bessere Performance als die von Anthony Millionaire.
So lernten wir also die Jungs von Test Department kennen. Sabine und ich mussten zurück ins Ruhrgebiet, aber wir verabredeten, in Verbindung zu bleiben.
Die Möglichkeit ergab sich schneller, als wir gedacht hatten, denn einige Zeit später riefen sie an und erzählten uns, sie wollten im Rahmen einer Clubtour durch Europa im Herbst auch im Ruhrgebiet spielen, alles natürlich nichtkommerziell. Sie hätten keine Agentur, die ihnen die Tour buchte, sondern machten alles selbst. Ob wir nicht im Ruhrgebiet irgendeinen schönen Ort wüssten, an dem sie

spielen könnten?! Und ob wir nicht vielleicht Lust hätten, alles Nötige zu organisieren?
Sabine und ich zögerten keine Sekunde – logisch! Klar würden wir uns um alles kümmern, das konnte doch wohl nicht so schwierig sein. Dachten wir. Wären im Jahr 1985 Pokale für Naivität und Selbstüberschätzung verliehen worden – wir hätten beide bekommen!
Frohgemut machten wir uns ans Werk. Zuerst galt es, mögliche Auftrittsorte zu recherchieren. Kein Problem, hingen wir doch ständig auf irgendwelchen Konzerten herum, und alle müssten sich doch eigentlich um einen Auftritt von Test Department reißen!
An dieser Stelle darf ich noch einmal daran erinnern, dass wir vor fünfundzwanzig Jahren nicht einfach ins Internet gehen und uns dort alle notwendigen Informationen wie Kontaktdaten und so weiter holen konnten. Nein, Recherche bedeutete damals, ganz viele Monatsmagazine mit Veranstaltungskalendern zu kaufen, Anzeigen der diversen Veranstaltungsorte zu suchen und zu hoffen, dass darin Telefonnummern zu finden waren. Natürlich landete man unter diesen Nummern nicht bei Entscheidungsträgern, sondern bei Leuten, die Konzerttickets verkaufen wollten. Wenn wir dann mal das Glück hatten, jemanden an die Strippe zu bekommen, der etwas zu entscheiden hatte, lief das Gespräch klassischerweise folgendermaßen ab:
Wir: »Hallo, wir sind Sabine und Brenda, und wir wollten fragen, ob ihr Interesse habt, dass Test Department im Herbst bei euch spielen.«
Veranstalter: »WER seid ihr?«
Wir: »Brenda und Sabine.«
Veranstalter: »Kenne ich nicht. Für welche Agentur arbeitet ihr?«

Wir: »Wir arbeiten in keiner Agentur. Wir machen das privat.«
Veranstalter: »Keine Agentur? Das finde ich aber merkwürdig. Wir arbeiten nur mit Agenturen zusammen.«
Wir: »Äh ... könnt ihr nicht mal eine Ausnahme machen?«
Veranstalter: »Hm. Und was habt ihr mit Test Department zu tun?«
Wir: »Wir sind mit denen befreundet, und die haben uns gebeten, einen Auftritt für sie klarzumachen. Die arbeiten nicht-kommerziell, deshalb gibt es keine Agentur.«
Veranstalter (seeeeehr zweifelnd): »Ach ja? Könnt ihr das beweisen?«
Konnten wir natürlich nicht.
Ohne Frage würden wir heute ganz anders an die Sache herangehen. Wir hätten Papiere, die belegen würden, dass wir autorisiert sind, für die Band Geschäfte einzufädeln, dass die Band zu dem Zeitpunkt tatsächlich auf Tour sein würde und so weiter.
Kurz gesagt: Wir telefonierten uns die Finger wund, ohne auch nur einen einzigen Schritt weiterzukommen. Und das war richtig teuer, denn damals gab es noch die Aufteilung in Ortsgespräche und Ferngespräche, was schon schlimm genug war, aber mal eben in England anzurufen, was das Naheliegendste gewesen wäre, war undenkbar.
Später jobbte ich übrigens mal für ein paar Wochen in einer großen Konzertagentur und lernte dort all die Dinge, die dazugehören, wenn man für eine Band professionell einen Auftritt oder eine Tour bucht und organisiert – leider zu spät für Test Department, uns blieb nur die Ochsentour.
Niemand aus der Branche war bereit, uns weiterzuhelfen,

bis Sabine einen Mitarbeiter des Freizeitzentrums West in Dortmund, der dort Konzerte organisierte, traf. Wir können uns leider nicht an den Namen dieses freundlichen Menschen erinnern. Sollte er zufällig dieses Buch lesen: »Hallo und vielen Dank für deine Hilfe damals!«
Er jedenfalls gab uns wertvolle Tipps und machte uns auf das Zentrum Altenberg in Oberhausen aufmerksam, eine alte Zinkfabrik, die nach dem Vorbild der Zeche in ein Kulturzentrum umgewandelt werden sollte. Zur damaligen Zeit gab es eine Gruppe hoch motivierter Leute, die dort – mehr oder weniger provisorisch – Konzerte und Disco-Abende veranstalteten. Es gab ein Kneipenkollektiv, ein Konzertkollektiv und ein Discokollektiv, und alle schienen ihr eigenes Süppchen zu kochen, wie wir später feststellen sollten.
Wir bekamen jedenfalls irgendwann Christoph vom Konzertkollektiv an die Strippe, und endlich hatten wir jemanden gefunden, der von der Idee, Test Department auf seine Bühne zu bringen, absolut begeistert war. Wir wussten, die Band würde von der Location hingerissen sein, die perfekt zu ihrer Bühnenshow und ihrem Industrial-Sound passte, denn am Zentrum Altenberg war noch nichts modernisiert oder umgebaut worden, und in den Hallen standen noch immer alte, verrostete Maschinen und erinnerten an die industrielle Vergangenheit der Gebäude. Endlich hatten wir etwas Positives zu vermelden!
Leider war die Arbeit damit noch lange nicht getan, denn irgendwie musste die geneigte Öffentlichkeit ja auch noch von dem Konzert erfahren. Für Anzeigen hatten wir kein Geld, und wann war eigentlich der Annahmeschluss für Konzerthinweise in den einschlägigen Monatsprogrammen? Sabine und ich hechelten Terminen hinterher, tele-

fonierten halbe Tage in der Gegend herum, gingen abends arbeiten, stritten uns, versöhnten uns wieder ... Wenn ich mich recht erinnere, brüllten wir uns sogar am Tag des Konzerts vor allen Leuten an wie die Fischweiber.

Was konnten wir noch machen, um das Konzert zu bewerben? Plakate! Ein professioneller Grafiker war natürlich nicht zu bezahlen, also musste improvisiert werden. Stanley, der kreative und künstlerisch begabte Freund von Sabine, machte sich an die Arbeit, experimentierte herum und entwarf letztendlich ein Konzertplakat, das sowohl von seiner Optik als auch vom Format her absolut ungewöhnlich und auffällig war: schwarzweiß, ganz schmal – und es hängt noch heute in meinem Arbeitszimmer an der Wand. (Danke, Luis!)

Das ungewöhnliche Format war auch der Tatsache geschuldet, dass wir aus einem DIN-A1-Bogen drei Poster machen wollten, denn wir waren schon dabei, unsere allerletzten Pfennige zusammenzukratzen. Wir ließen das Motiv dreimal auf ein Blatt photokopieren, schnitten den Bogen mit der Schere in drei Teile und dachten darüber nach, wo wir die Plakate am besten hinkleben könnten. Schwarz zu plakatieren war (und ist) streng verboten.

Plakatiert wurde heimlich, natürlich hatten wir keine Genehmigung dafür, das wäre zu teuer gewesen. Nachts fuhren mein Kumpel Andreas und ich zum Beispiel zur Uni Bochum, bewaffnet mit den Plakaten, einem Quast und einem Eimer Tapetenkleister, um im Schutz der Dunkelheit unsere Werbung anzubringen. Des Öfteren mussten wir vor den Wachleuten flüchten. Dann versteckten wir uns mit angehaltenem Atem in einem Durchgang und hofften, dass die Hunde des örtlichen Sicherheitsdienstes uns nicht erschnüffelten, denn man hätte uns eine

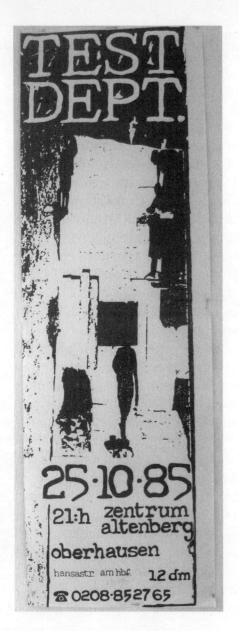

Das legendäre
Plakat - bei mir
am Küchentisch
zusammengebastelt

saftige Geldstrafe aufgebrummt, wenn sie uns erwischt hätten.

Wie im freien Fall taumelten Sabine und ich auf den Tag des Konzerts zu, ohne jede Vorstellung davon, wie der Abend werden würde. Zwar hatten wir zahllose Konzerte besucht, aber alles, was wir als normale Zuschauer mitbekamen, war eine Band, die auf die Bühne kam, spielte und dann wieder verschwand. Was alles an Arbeit dahintersteckte, davon hatten wir mittlerweile eine kleine Ahnung bekommen. Würde sich der Aufwand gelohnt haben, oder wartete vielleicht ein kuscheliges Privatkonzert auf uns?

Die Band und Jochen waren in Polen unterwegs (wo sie nicht nur umjubelte Konzerte, sondern auch zwei Unfälle mit dem Bandbus hatten) und waren für eventuelle Rückfragen nicht erreichbar, und so bemühten wir uns, vor Ort alles so gut wie möglich zu organisieren.

Der Tag X kam immer näher, und schließlich trafen die Jungs in Bochum ein. Der Bandbus, ein umgebauter Schulbus, hatte einen Parforceritt durch den wilden Osten hinter sich und sah nach den Unfällen reichlich ramponiert aus. Nicht nur das: Die Tür war nicht mehr benutzbar, so dass alle durch den ziemlich weit oben gelegenen Notausstieg turnen mussten – na, das war ja genau das Richtige für mich, die Sportlichkeit nicht gerade zu ihren hervorstechendsten Eigenschaften zählen darf.

Die Band war froh, endlich wieder festen Boden unter den Füßen und ein Dach über dem Kopf zu haben. Bis zum Konzert waren es noch zwei Tage, und einige der Musiker wohnten bei Sabine, der Rest bei mir. Die Jungs, die in London in besetzten Häusern lebten und nie wussten, ob es »ihre« Wohnung noch geben würde, wenn sie von einer

Tour zurückkehrten, waren fassungslos angesichts meiner großen Altbauwohnung und der Tatsache, dass ich sie allein bewohnte. Jeder meiner Gäste versuchte mindestens einmal, in meinem Kücheneinbauschrank aufs Klo zu gehen, denn auf den beiden Türen klebten typische Klomännchen und -weibchen. Wir kochten zusammen, zogen durch die Gegend und hatten zwei lustige Tage, bevor es schließlich ernst wurde.

Die Location in Oberhausen haute die Band schlicht um. Der rohe industrielle Look war genau das, was sie sich erhofft hatten. Wir waren früh am Tag aufgebrochen und hatten noch ein paar Freunde im Gepäck, die uns im Vorfeld unterstützt hatten.

Trotzdem begann der Tag mit einer kleinen Hiobsbotschaft: In der Konzerthalle gab es keinen Tresen und damit keine Getränke. Der Grund dafür war so blöd, wie er nur sein konnte: Das Discokollektiv, Herrscher über mobile Theke und Ausschank, hatte in demokratischer Abstimmung beschlossen, dass es sich sowieso nicht lohnen würde, alles in die Halle zu tragen und aufzubauen, denn die Band war ihnen unbekannt. Wir fluchten lautstark und wortreich auf die »dämlichen Hippies«, und als wir endlich damit fertig waren, schlugen wir Christoph das Naheliegende vor: Wir würden den Ausschank in unsere kompetenten Hände nehmen, schließlich arbeiteten wir alle in der Gastronomie. Christoph zögerte zunächst; vermutlich sah er sich schon stundenlang bei Duftkerzen und Fencheltee mit dem unheimlich betroffenen Discokollektiv diskutieren, warum er ihren demokratischen Entscheid nicht respektiert habe, aber das war uns schnuppe.

Ein Konzert ohne Tresen? Undenkbar.

Wir schleppten das Equipment für den Ausschank in die

Halle und bauten innerhalb einer halben Stunde alles auf. Als wir Christoph nach den Preisen für die übersichtliche Getränkeauswahl fragten, fielen wir fast in Ohnmacht. »Fünfzig Pfennig für ein Glas Mineralwasser? Eine Mark für eine Flasche Bier? Bist du verrückt?« Hippies hin, kein Kommerz her – das konnte unmöglich sein Ernst sein. Aber diesmal blieb er hart. Na gut, sollte uns recht sein – wenn er freiwillig auf jede Menge Umsatz verzichten wollte, war das schließlich seine Sache.

Während Sabine und ich uns mit den gastronomischen Belangen beschäftigten, bauten die Band und die mitgereisten Freunde die Bühne auf. Tonnenweise Metallschrott – so schien es – wurde aus dem Bus geladen und auf der Bühne zu, nun ja, »Instrumenten« zusammengebaut. Jack, der Mann im Hintergrund, arbeitete am Mischpult und würde später einen Klangteppich unter die Percussion legen. Außerdem gab es Filmmaterial, das auf den Bühnenhintergrund projiziert wurde – uns erwartete ein spannendes, multimediales Ereignis.

Es wurde später, und unsere Aufregung stieg ins Unerträgliche. Konzertbeginn sollte um 21 Uhr sein, der Eintritt kostete zwölf Mark. Endlich trudelten die ersten Leute ein – und es wurden immer mehr. An der Kasse bildete sich eine lange Schlange von Fans, die völlig begeistert waren, die in der Alternativmusik-Szene geradezu legendäre Band Test Department sehen zu können, ohne nach London, Warschau oder Amsterdam fahren zu müssen.

Sabine und ich kamen am Tresen aus dem Diskutieren nicht mehr heraus, denn alle dachten, wir hätten ihnen zu viel Wechselgeld herausgegeben, und bestellten dann aus Begeisterung über die niedrigen Getränkepreise gleich noch eine Runde.

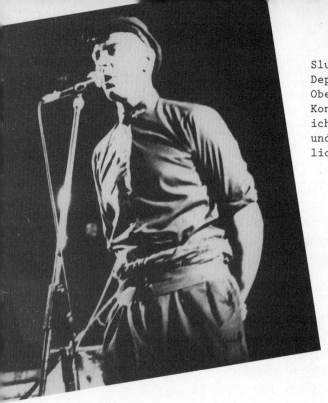

Slug von Test Dept. beim Oberhausener Konzert - und ich stehe hinten und bin glücklich

Als das Konzert schließlich begann, stand ich hinten in der Halle und grinste übers ganze Gesicht. Es war ein unglaubliches Gefühl; ich hätte vor Glück schier platzen können. Nicht nur, dass ich die Früchte unserer Arbeit bewundern konnte, nein, auch ich sah die Band ja zum ersten Mal live und war total beeindruckt.

Die Jungs hämmerten und klöppelten wie die Berserker auf Metalltonnen, Stahlträgern und bizarren Konstruktionen herum, Jack schickte über das Mischpult den zusätzlichen Sound, der das Ganze trotz des Höllenlärms erstaunlich melodisch machte – unvergesslich.

Mein alter Kumpel Luis, der damals ebenfalls in der Zeche arbeitete und uns im Bandbus nach Oberhausen begleitet hatte, sagte mir kürzlich, dieser Abend sei bis heute sein schönstes »Rock-'n'-Roll-Erlebnis«.

Für das Zentrum Altenberg setzte der Abend eine Marke: Noch nie hatte es so viele Konzertbesucher gehabt, noch nie hatte es so viele Getränke verkauft – und dadurch empfahlen es sich auch anderen Bands als interessanter Auftrittsort, zum Beispiel Laibach oder Front 242, beides Industrial-Bands. Später musste das Zentrum Altenberg für ein paar Jahre schließen, da die vorherige Nutzung als Zinkfabrik umfangreiche Sanierungsmaßnahmen erforderte. Seit 1991 finden dort wieder regelmäßig Konzerte und andere Veranstaltungen statt.

Ich muss nicht erwähnen, dass wir es auf der Aftershow-Party bei mir in Bochum richtig krachen ließen. Keine Ahnung, ob sich noch alle damaligen Mitglieder von Test Department an diesen Abend erinnern, aber Toby, einer der Musiker der Band, ließ mir erst kürzlich mal wieder über Jochen Grüße ausrichten.

Ich kann Luis nur beipflichten: ein unvergessliches Rock-'n'-Roll-Erlebnis.

Später fuhren Sabine, ich und gemeinsame Freunde noch einige Male zu Konzerten von Test Department nach Holland. Eins davon fand in der U-Bahn-Haltestelle unter dem Amsterdamer Waterlooplein statt, also unter dem weltberühmten Flohmarkt, den wir von zahllosen Besuchen kannten.

Während des Konzerts verlor ich eine meiner Kontaktlinsen und wurde fast hysterisch, weil ich keine Brille dabeihatte. Wir fingen an zu suchen, krochen auf dem völlig verdreckten Boden herum. Nach und nach beteiligte sich das gesamte Publikum an der Suche, und meine Hoffnung, die kostbare Linse zu finden, schwand zusehends, denn die meisten stampften mit Springerstiefeln herum. Irgendwann wurde die Band aufmerksam und fragte, was los sei. »My contact lense«, heulte ich verzweifelt, »I've lost it!« Sofort wurde das Konzert unterbrochen und ein Bühnenscheinwerfer abgebaut, um damit den Fußboden vernünftig abzuleuchten, und schließlich blitzte etwas auf: meine Kontaktlinse! Sie stand hochkant an der Bühne, war intakt und blitzsauber, so dass ich sie problemlos wieder einsetzen konnte.

Alle applaudierten und jubelten frenetisch, der Scheinwerfer wurde wieder anmontiert, und das Konzert ging weiter.

KAPITEL 15

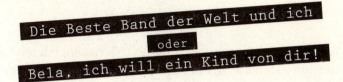

Die Ärzte sind eine deutschsprachige Punkrock-Band aus Berlin«, schreibt Wikipedia. Und weiter: »Die Musiker bezeichnen sich selbstironisch als *Beste Band der Welt*.«
Ähem ... wieso selbstironisch?
Die Ärzte *sind* die beste Band der Welt! Und das meine ich ganz und gar unironisch.
Es gibt sie seit 1982, und ich kann mich an Konzerte aus dieser Zeit erinnern, bei denen die Jungs vor zwanzig Leuten herumkasperten und sich die Seele aus dem Leib spielten. Drei Akkorde, lustige Texte, jede Menge Krach und Spaß – perfekt. Mittlerweile bin ich der Ansicht, dass kein anderer Musiker im deutschsprachigen Raum derart virtuos unsere Sprache mit Musik verbinden kann, wie die Ärzte es beherrschen – zuletzt in »Junge«. Wenn man den Text dieses Songs nur geschrieben sieht, kann man sich beim besten Willen nicht vorstellen, wie man dafür eine Melodie schreiben soll:

> »*Junge, warum hast du nichts gelernt?*
> *Guck dir den Dieter an, der hat sogar ein Auto.*
> *Warum gehst du nicht zu Onkel Werner in die Werkstatt?*
> *Der gibt dir 'ne Festanstellung, wenn du ihn darum bittest.*
> *Junge – und wie du wieder aussiehst!*

Löcher in der Hose und ständig dieser Lärm.
Was sollen die Nachbarn sagen?
Und dann noch deine Haare, da fehlen mir die Worte.
Musst du die denn färben? ...«

Ist das nicht ein wunderbarer Text? Sie kombinieren ihn mit einer Melodie, zu der auch Roland Kaiser singen könnte. Und kennen wir diese Sprüche nicht alle von unseren Eltern?

Außerdem: Wer Zeilen schreibt wie »Du kannst gehn, aber deine Kopfhaut bleibt hier«, den muss man einfach anbeten.

Bela, Farin & Sahnie: Die Ärzte in ihrer Urbesetzung, aber damals schon die beste Band der Welt

Für die vielen Fans der Ärzte war es ein Schock, als die Band sich 1989 auflöste. Umso größer war die Freude bei ihrer Neugründung 1993. Allen, die die Band nicht kennen, empfehle ich zum Einsteigen das Unplugged-Album »Rock 'n' Roll Realschule«, das sie im August 2002 zusammen mit dem Schulorchester und dem Chor des Hamburger Albert-Schweitzer-Gymnasiums aufzeichneten.
Wie Sie sich vorstellen können, zögerte ich keine Millisekunde, als ich im Frühjahr 1988 gefragt wurde, ob ich Lust hätte, statt meiner normalen Schicht drei Tage lang für die Caterer der Ärzte zu arbeiten. Und ob ich Lust hatte!
An zwei aufeinanderfolgenden Tagen im Mai würde die Band in der Zeche spielen, und die Konzerte sollten aufgezeichnet werden. Natürlich waren die beiden Abende blitzschnell ausverkauft.
Die Kochcrew reiste samt Equipment an, und wir richteten uns im Café der Zeche ein. Das war ein langgestreckter, schmaler Raum mit Zugang von der Galerie, auf der sich auch das Restaurant befand. Zum Parkplatz hin gab es eine Reihe von Fenstern mit der typischen Sprossenverglasung von Industriebauten und mit breiten Fensterbänken. Jeweils in der Mitte der Fenster ließ sich eine Luke öffnen, die vielleicht so groß war wie ein DIN-A4-Blatt. Die Aufbauhelfer schleppten das Equipment der Köche herein, das sich – genau wie die Bühnentechnik – in maßgeschneiderten, riesigen Koffern befand. Selbst der Herd war in einem solchen Koffer untergebracht. Andere enthielten Geschirr, Gläser und Besteck, außerdem Tischwäsche, Kochgeräte, Küchenwerkzeug – alles war transportsicher verpackt und ließ sich zu einer voll funktionsfähigen, bestens ausgestatteten Profiküche zusammenbauen.
Ehe Missverständnisse aufkommen: Ich bin – und war es

auch damals nicht – keiner dieser Fans, die ihre Idole für gottähnliche Wesen halten und in deren Nähe entweder zur Salzsäule erstarren oder in wilde Hysterie verfallen. Zu diesem Zeitpunkt arbeitete ich bereits eine ganze Weile in der Zeche und hatte für Leute wie John Cale, Eric Burdon, Tears for Fears oder Uriah Heep gekocht. Für mich waren berühmte Musiker längst Leute wie alle anderen auch. Einige waren nett, andere blöd, manchmal hatten sie gute Laune, manchmal schlechte Laune, und nicht selten hatten sie einen Kater vom Abend davor.

Dieser Ärzte-Auftrag war eine tolle Gelegenheit, ein bisschen Zeit mit der Band zu verbringen, und ich war gespannt, ob sie privat genauso lustig waren wie auf der Bühne. Waren sie, das können Sie mir getrost glauben. Ich erlebte also drei Tage, an denen unglaublich viel gelacht wurde – wozu allerdings auch die Fans, die die Zeche rund um die Uhr belagerten, ihren Beitrag leisteten.

Die Ärzte hatten ihre Skateboards im Gepäck, denn sie hatten zwischen Proben und Konzerten viel Freizeit. Die zum Parkplatz hin abschüssige, lange Zufahrt zur Zeche forderte geradezu dazu heraus, mit den Rollbrettern hinunterzurasen. Das klappte allerdings nur am ersten Nachmittag, denn ab Tag zwei war die Zeche von Hunderten, zum größten Teil weiblichen Fans umzingelt, die ohrenbetäubend zu kreischen begannen, sobald sich einer der drei Jungs blicken ließ. Die Band war also im Gebäude eingesperrt und hockte uns im Café auf der Pelle. Nicht, dass ich mich beschweren wollte, aber mit diesen Kasperköppen im Nacken fiel die Arbeit schwer.

Es war Mai und ziemlich warm, also hatten wir die kleinen Fenster geöffnet. Unter den Fans hatte es sich rasch herumgesprochen, wo ihre Idole sich aufhielten, und sie hatten sich draußen auf dem Parkplatz unter diesen Fenstern versammelt. Viele Mädels hatten Botschaften, knuddelige Stofftiere und sonstige Geschenke dabei, die als steter Strom gegen die Scheiben prallten oder, wenn die Mädels einigermaßen zielen konnten, hereingeflogen kamen. Die Flugobjekte, die alle liebevoll verpackt waren, sammelten wir auf einem extra dafür hergerichteten Gabentisch, und bei jeder Mahlzeit wurden zum Dessert einige geöffnet, begutachtet und kommentiert, wobei es nicht immer … nun ja … respektvoll und gesittet zuging, um ehrlich zu sein. Wir kreischten vor Lachen, wenn die Liebesbriefe mit pathetischer Stimme deklamiert wurden, und der Satz »Bela, ich will ein Kind von dir« wurde zum offiziellen Gruß für die verbleibenden zwei Tage. Der arme Bela, einer der Musiker der Band, konnte niemandem von uns mehr begegnen, ohne dauernd diesen Spruch zu hören, der zum Beispiel aus dem Mund eines bärtigen 150-Kilo-Rockers in voller Montur durchaus ein wenig schräg klang.

Für mich waren diese Tage das Paradies – auch arbeitstechnisch gesehen. Meine Kollegen in Zechen-Küche und -Restaurant wurden von Horden hysterischer Teenager und Fans geradezu überrannt und mussten vor den Konzerten eine Cola mit fünf Strohhalmen nach der anderen servieren. Viele der jungen Mädchen hatten Elternteile dabei, die während des Konzerts genervt im Restaurant saßen und das Personal zusätzlich auf Trab hielten.

Währenddessen hielt ich mich mit überaus entspannten und fröhlichen Menschen in einem von grimmig aus der Wäsche guckenden Ordnern perfekt abgeschotteten Bereich auf und hatten einen lockeren Job, denn ich hatte ausnahmsweise mal nicht die Verantwortung dafür, dass das Bandessen pünktlich auf den Tisch kam.

Mein Dienstbeginn war um die Mittagszeit, also moderat, dann wurde erst einmal Kaffee getrunken und der Menüplan durchgesprochen. Am frühen Nachmittag gab es einen kleinen Snack oder Kaffee und Kuchen, vor dem Konzert ein warmes Essen. Meine Aufgabe war es, dem Koch zuzuarbeiten, also Gemüse zu schnippeln, Kartoffeln zu schälen und Ähnliches. Ich deckte die lange Tafel für circa zehn Personen ein, räumte das Geschirr nach dem Essen wieder ab, spülte, sammelte die hereinfliegenden Geschenke ein und ließ mich manchmal zum Spaß von den Fans anpöbeln, indem ich meinen Kopf aus dem Fenster steckte. (Merke: Minderjährige weibliche Fans hassen dich, wenn du in der Nähe ihrer Idole sein darfst und sie es nicht sind!) Ich sah mir in der Halle die Soundchecks an, was oftmals schönere Erlebnisse sind als die Konzerte selbst, denn die Bands spielen das komplette Programm durch, ohne das manchmal durchaus störende Kreischen ihrer Bewunderer.

Und dafür gab es auch noch Geld – was will der Mensch mehr?

Das Angebot, diesen Job auch auf der geplanten, dreimonatigen Tournee der Ärzte zu machen, lehnte ich dann allerdings ab, wenn auch schweren Herzens. Ich hätte mich sehr schnell entscheiden müssen, und es hätte einiger Organisation bedurft, um meine Katzen während dieser langen Abwesenheit zu versorgen. Dumm von mir? Vielleicht. Aber meine Miezen waren mir wichtiger.

KAPITEL 16

Heavy Metal Overkill
oder
Ein Festival für alle Sinne

Schon als Teenager hatte ich einen Hang zu härterer Musik. Ich mochte Deep Purple, Black Sabbath mit dem genialen Ozzy Osbourne und Uriah Heep – da konnten mir die Bay City Rollers, Sweet oder ABBA gestohlen bleiben. Die langen Haare mussten wild geschüttelt werden, und bei »Paranoid« von Sabbath lagen wir auf den Knien und spielten Luftgitarre.

Ich musste die Musiker allerdings nicht unbedingt sehen. 1976 hatte ich ein Scorpions-Konzert besucht und mich dabei derart kaputtgelacht, dass die Ordner (offenbar echte Fans) mich wahrhaftig rauswerfen wollten.

Was mich derart erheitert hatte?

Das kann ich erklären: Spillerige Kerle mit mühsam gezüchteter Mähne und hautengen Jeans an den dünnen Beinchen, die breitbeinige Posen einnehmen und unglaublich wild und gefährlich aussehen wollen, reizen mich nun mal zum Lachen. Das Podest, auf dem der Schlagzeuger thronte und wild auf sein Arsenal eindrosch, konnte hochgefahren und nach vorn gekippt werden, und ich wartete nur darauf, dass der Ärmste mitsamt seiner riesigen Schießbude ins Rutschen kam und als wirbelnde Lawine aus Blech, Trommeln, Armen und Beinen auf der Bühne endete.

Leider wurde ich enttäuscht.

Dann kam der Punk, und ich wechselte sofort die Seiten. Gitarrensoli, die gefühlte anderthalb Stunden dauerten, gehörten fortan der Vergangenheit an, denn Punkmusik war schnell, hart, laut und kam mit drei Akkorden aus. Filigrane Technik und alberne Posen gab es nicht; Punksongs dauerten maximal drei Minuten und hämmerten ohne Umweg direkt auf die Zwölf – wunderbar.

Als ich in der Zeche arbeitete, kehrte die Heavy-Metal-Musik in mein Leben zurück. Gegenüber der Küche befand sich ein alternativer Eingang in die Konzert- und Discohalle, der auf die Empore führte; ich wurde also, ob ich wollte oder nicht, bei der Arbeit mit ohrenbetäubender Musik beschallt.

Die Zeche war damals *die* Hochburg für Metal-Konzerte, und da ich anfangs keines davon sehen wollte, war ich dann meist im Dienst und litt mich durch meine Schicht. Endlose Gitarrensoli und kreischende Sänger raubten mir den letzten Nerv, und oft genug wünschte ich mir, stocktaub zu sein.

Die Bands trugen Namen, die an Deutlichkeit nichts zu wünschen übrig ließen, wie zum Beispiel »Anthrax« (Milzbrand), »Grave Digger« (Totengräber), »Deathrow« (Todestrakt) oder »Annihilator« (Vernichter), damit auch ja bei niemandem der geringste Zweifel aufkommen konnte, dass man es mit echt wilden und gefährlichen Typen zu tun hatte.

Fast immer gab es bei Konzerten einen Stand in der Halle, an dem Merchandise-Artikel verkauft wurden, überwiegend schwarze T-Shirts, die vorn mit dem Bandnamen oder -logo und auf der Rückseite mit den Tourdaten bedruckt waren. Wir vom Personal bekamen oft T-Shirts ge-

schenkt, die ich dann bevorzugt bei der Arbeit trug. Mit einem Zombieschädel oder einem Totenkopf auf der Brust kocht es sich doch gleich doppelt so gut.
Nicht nur die Bands, sondern auch ihre Tourneen hatten klingende Namen. Mein Favorit war lange Zeit ein Shirt, auf dessen Rücken die Daten einer Tournee mit dem sympathischen Titel »Rape & Pillage Tour« (Vergewaltigung & Plünderung) standen. Nun ja, über Geschmack lässt sich bekanntlich nicht streiten.
Ich bekam zum Beispiel auch ein T-Shirt von den Toten Hosen geschenkt, das nicht im normalen Verkauf erhältlich war. Es war weiß, und auf der Brust prangten die Worte »Ficken, Bumsen, Blasen«, die erste Refrainzeile ihres Songs »Hofgarten« – jaaa, ich weiß. Heute würde ich das natürlich auch nicht mehr anziehen, ehrlich, ich schwöre es. Auf den offiziell verkauften Shirts stand auch nur »Fi..., Bu..., Bla...«, und man konnte sich den Rest dazudenken, was nicht besonders schwerfiel. Meine Mutter hasste dieses T-Shirt von Herzen (»So gehe ich mit dir nicht auf die Straße!«). Kann man ihr nicht verdenken, oder?

Ein Phänomen war, dass die Metal-Bands nie oder nur extrem selten Konzerte allein bestritten. Sie tauchten immer zu zweit oder zu dritt auf, wie Mädchen, die niemals allein aufs Klo gehen, sondern nur in Begleitung von Freundinnen. Entsprechend früh begann die Schicht, und entsprechend spät endete sie – und dazwischen lag viel Arbeit.
Die Metal-Fans trugen stets die klassische Uniform: meist lange Haare, Jeans oder Lederhose, Band-Shirt und Jeans- oder Lederjacke. Sie tranken deutlich mehr Bier, als gut für sie war, und wenn sie so richtig schön voll waren, bekamen sie Hunger. Ein Konzert mit drei Bands dauerte gern

mal fünf bis sechs Stunden, und wenn man kein Bütterken mit Käse eingepackt hatte, ging man halt zwischendurch ins Restaurant hoch und bestellte sich einen Hackfleischtoast. Oder Spaghetti Bolognese, niemals aber Salat oder gar grüne Nudeln mit Sahnesauce. Niemals. Wann immer ein Metal-Konzert stattfand, kochte ich mindestens die doppelte Menge Hackfleischsauce, denn ich würde sie brauchen, das hatte ich rasch kapiert.

Ein Hackfleischtoast bestand aus zwei gerösteten Toastscheiben, die nebeneinander auf einen riesigen Teller gelegt wurden. Darauf kam eine ordentliche Kelle Bolognesesauce, und gekrönt wurde das Ganze mit mehreren Scheiben Käse, bevor diese subtile Kreation dann noch für ein paar Minuten unter die rotglühenden Heizspiralen des Salamander-Grillbackofens wanderte, bis der Käse lecker brutzelte, langsam braun wurde und Blasen warf. Das Ergebnis hatte mindestens dreitausend Kalorien und sah aus wie ein gigantischer See aus Hackfleisch, Fett und geschmolzenem Käse – hmmm, lecker ... Offenbar verbrauchte Headbangen jede Menge Energie, denn die angetrunkenen Fans stürmten pausenlos das Restaurant, um ihre Speicher für die nächste Runde wieder aufzufüllen.

Grundsätzlich waren Metal-Fans pflegeleicht und sogar meist wesentlich höflicher als die Besucher aller anderen Konzerte, denn sie respektierten uns als Autoritäten und hatten vor nichts mehr Angst, als Hausverbot erteilt zu bekommen und draußen vor der Halle zu stehen, während die Kumpels drinnen ihre langen Haare schüttelten.

»Entschuldigen Sie bitte, können Sie mir Geld für den Zigarettenautomaten wechseln?« – das bekamen wir nur bei Heavy-Konzerten zu hören. Wenn ein Metal-Fan dann doch mal nicht mehr wusste, was er tat, und frech zu uns

Mädels war oder sogar handgreiflich werden wollte, bereute er das kurz danach zutiefst, denn wir pfiffen nur nach den Ordnern, und Sekunden später fand sich der Typ mit einem blauen Auge und lebenslangem Hausverbot vor der Zeche wieder – das weibliche Personal anzugreifen galt zu Recht als Todsünde. So etwas kam aber höchst selten vor, denn Metal-Fans bewegten sich – wie die Bands – nur in Rudeln durch die Weltgeschichte, und der Verlust der Gruppe bedeutete für sie die Höchststrafe.

So arbeiteten wir, was das Publikum betraf, eigentlich ganz gern bei diesen Konzerten. Obwohl ... eine Sache gab es, die nicht so angenehm war. Es kam nämlich durchaus vor, dass sich die plötzliche massive Nahrungs- bzw. Fettzufuhr nicht besonders gut mit all dem Bier vertrug, das bereits im Magen herumschwappte. Immer wieder galoppierten grüngesichtige Metaller an der Küche vorbei in Richtung Klo (eine Tür weiter), taumelten in ihrer Trunkenheit wie Flipperbälle zwischen den Wänden des Gangs hin und her und warfen sich in letzter Sekunde über die Kloschüssel. So manch einer verfehlte sein Ziel, landete in der Küche und stierte wilden Blickes umher. Wo war bloß die verdammte weiße Keramik? Ich packte sie dann bei den Schultern, bugsierte sie zurück in den Gang und schubste sie durch die Klotür.

Auch immer wieder gern gesehen: Leute, die über ihrem Essen einschliefen und mit dem Gesicht in den Teller fielen. Gott sei Dank war der gratinierte Käse dann meist schon erkaltet, so dass es wenigstens keine Verbrennungen zu verarzten gab. Allerdings bekommt man ziemlich schlecht Luft, wenn man mit Mund und Nase in Bolognesesauce oder einer dicken Käseschicht liegt. Die medizinische Erstversorgung durch uns bestand darin, die Herrschaften an den langen Haaren aus ihrem Essen zu ziehen, ihnen notdürftig mit Servietten das Gesicht zu säubern und die Ordner zu rufen, die die halb Bewusstlosen umgehend an die frische Luft brachten.

Auch die Heavy-Metal-Musiker machten als Gäste keinerlei Schwierigkeiten, ich kann mich jedenfalls an keinen einzigen unangenehmen Vorfall erinnern. Sie saßen gesittet am Tisch, führten keine losen Reden, behandelten uns mit Respekt und bedankten sich höflich, wenn sie wieder gingen. Vielleicht sahen sie manchmal so aus, als würden sie süßen Katzenbabys bei lebendigem Leib die Köpfe abbeißen, und unter der Last der Totenkopfnieten auf ihren Lederjacken brach manch einer fast zusammen, aber irgendwie waren sie niedlich. Um Missverständnissen und Protestbriefen von Metal-Fans vorzubeugen: Ich will hier niemanden diskriminieren, aber so habe ich das damals erlebt.

Als ich mich nach einer Drei-Band-Schicht mal wieder über das Gitarrengeplärre beschwerte, sagte einer meiner Ordner-Kollegen: »Du musst mal ein Konzert in der Halle erleben, dann macht dir das auch Spaß.«

»Wohl kaum«, höhnte ich, ließ mich dann aber doch dazu überreden.

Um mich zusätzlich zu motivieren, schenkten die Ordner mir ein besonders schönes Stück vom Merchandise-Stand in der Halle: einen lebensgroßen und -echten Plastiktotenkopf mit einer Glühbirne im Inneren. Ich war gerührt, denn eine so wunderschöne Nachttischlampe hatte ich mir natürlich immer schon gewünscht ...

Zu meiner Überraschung stellte ich fest: So ein Metal-Konzert war ein Riesenspaß. Diese unendlichen Gitarrensoli live zu erleben war etwas ganz anderes, als wenn die kreischenden Töne sich gegen meinen Willen durch mein Hirn sägten. Eigentlich war es wie ein Kinobesuch: Ich saß oder stand oberhalb des Getümmels auf dem seitlichen Tresen, hatte beste Sicht auf die Bühne und damit auf die Posen und Grimassen der Akteure und wurde in regelmäßigen Abständen mit einem frischgezapften Bier versorgt.

Es empfahl sich natürlich nicht unbedingt, zu so einem Konzert seine beste Kleidung anzuziehen, denn es flogen ganz schön viele Bierbecher durch die Gegend, die nicht immer leer waren. Kurz gesagt: Es war eine ziemliche Sauerei, und es herrschte unglaublicher Lärm, denn die Verstärker waren bis zum Anschlag aufgedreht.

Manchmal gab eine Band sich auch politisch. Ich erinnere mich, wie einmal ein Sänger seine Botschaft ins Mikrofon brüllte: »Wir sind gegen Atome, denn Atome sind scheiße!«

Ist das zu fassen? Ich fiel vor Vergnügen beinahe vom Tresen, aber die Fans jubelten begeistert.

Recht hatte der Junge: Eine Welt ohne Atome ist bestimmt viel besser.

KAPITEL 17

Schreibst du auch über unsere Shining-Nacht?«, fragte meine Freundin Ani, als ich mit ihr über dieses Buch sprach.
»Och, nöööö, ich glaub nicht«, antwortete ich und wechselte schnell das Thema.
Warum ich so abwehrend reagierte? Vielleicht, weil ich noch immer damit beschäftigt war, diese Nacht zu verdrängen. Erfolglos, versteht sich.
Natürlich ließ Anis Frage mich nicht mehr los, deshalb folgt die Beschreibung der gruseligsten Nacht meines Lebens.
Es war gegen Ende der Achtziger, ich hatte in meiner Wohnung ein Zimmer frei, und so zog Stefan bei mir ein. Ich kannte ihn von früher aus Recklinghausen, er war in meiner Nachbarschaft aufgewachsen und etwas jünger als ich. Stefan war Stammgast in der Zeche, punkig und ausgeflippt. Er war gerade nach einem Jahr im Ausland völlig pleite wieder nach Deutschland zurückgekehrt und brauchte ein Dach über dem Kopf. Eigentlich hatte er auswandern wollen, unterwegs aber die falschen Leute getroffen, war abgezogen und ausgeraubt worden, und ganz sicher hatte er auch die falschen Drogen genommen, wie sich herausstellen sollte.

Obwohl wir in einer Wohnung wohnten, sahen wir uns nur selten. Ich arbeitete zu der Zeit an mindestens fünf von sieben Wochentagen (bzw. Nächten), und oft schlief er noch, wenn ich nachmittags zur Arbeit aufbrach. Mit wem und womit er seine Zeit verbrachte, bekam ich nicht mit. Manchmal saß er am Küchentisch, wenn ich nachts von der Schicht kam. Dann quatschte er mich ohne Punkt und Komma mit allerlei esoterischem und metaphysischem Kram voll, dem ich vor Müdigkeit kaum noch folgen konnte. Was interessierte mich, ob er glaubte, dass jeder Mensch Jesus war?

Meine Toleranz gegenüber Leuten, die wirres Zeugs redeten, war groß – bestimmt größer als die der meisten Menschen. Arbeitete ich nicht seit Jahren in einer Umgebung, in der es vor verrückten Selbstdarstellern, Drogenkonsumenten, Säufern und Schwätzern nur so wimmelte? Na also. Ich hatte gelernt, sie weitgehend zu ignorieren und mich um meine Angelegenheiten zu kümmern. Dass Stefan auf eine handfeste Psychose zusteuerte, wurde von meinem Radarsystem jedenfalls komplett ignoriert.

Eines Nachts, es war schon nach Mitternacht, stand ich nach der Schicht vor meiner Wohnungstür und kam nicht rein, weil sie von innen verschlossen war. Ich war nicht allein, meine Kollegin Samira hatte mich in ihrem Auto mitgenommen. Wir wollten noch ein bisschen quatschen. In der Wohnung brannte Licht, und ich klingelte. Erst tat sich nichts, dann endlich hörten wir Schritte, und die Tür wurde geöffnet. Stefan stand vor uns und grinste.

»Kommt rein«, rief er, »ich gebe eine Party! Es sind ein paar Leute da, super Musik!«

Er drehte sich um und ging in sein Zimmer.

Samira und ich sahen uns an. Es war still in der Wohnung, außer Stefan war kein Mensch da.

»Auf welcher Droge ist der denn?«, murmelte Samira.
Ich zuckte mit den Schultern.
Stefan war, was dieses Thema anging, überaus experimentierfreudig, wie ich wusste. Es reichte, wenn ihm jemand mit den magischen Worten »Das törnt!« eine obskure Pille unter die Nase hielt, und einen Wimpernschlag später hatte Stefan das Ding geschluckt, da kannte er nix. Er hatte mir erzählt, dass er im Ausland alle möglichen Horrordrogen wie Angel Dust konsumiert hatte. Das ist ein Zeug, von dem man wirklich verrückt werden kann, wie ich später recherchierte.
Samira und ich gingen in die Küche, um uns Tee zu machen und den Granatapfel zu entkernen, den sie mitgebracht hatte. Die roten Kerne kamen in ein Schüsselchen, und wir zogen uns damit in mein Zimmer zurück.
Plötzlich stand Stefan neben uns. »Wollt ihr nicht auf die Party kommen?«
Wir lehnten dankend ab, und er verschwand.
Ein paar Minuten später war er wieder da und zeigte auf die Granatapfelkerne. »Warum esst ihr blutende Kinderherzen?«, fragte er.
»Stefan, das sind Granatapfelkerne«, sagte Samira und hielt ihm die Schüssel hin. »Hier, probier mal.«
Stefan wich entsetzt zurück und keuchte: »Das sind Kinderherzen! Ihr seid Menschenfresser!« Ohne den Blick von der Schüssel zu wenden, manövrierte er sich rückwärts aus dem Raum.
Allmählich wurde es Samira und mir nun doch etwas mulmig. Toleranz hin oder her – der Typ wusste eindeutig nicht mehr, was um ihn herum los war.
»Der ist auf einem schlechten Trip oder so was. Was sollen wir tun?«, flüsterte ich.

»Vielleicht bringt ein Tee ihn runter. Wir setzen uns mit ihm in die Küche«, schlug Samira vor.
Auf dem Weg dorthin spähten wir vorsichtig in Stefans Zimmer. Er führte lebhafte Diskussionen mit seinen nichtexistenten Partygästen.
Wir kochten frischen Tee und riefen nach Stefan. Er kam und blickte uns schweigend an. Seine Augen sahen fast schwarz aus, weil seine Pupillen extrem vergrößert waren. Plötzlich zeigte er auf das lebensgroße Ölporträt von mir, das in der Küche hing, und schrie wütend: »Auch wenn du nicht da bist, starrst du mich an!«
Er setzte sich zu uns an den Tisch und fixierte mich mit starrem Blick. Ich fragte mich, was in seinem Kopf vorging. Mir fielen Geschichten von Menschen ein, die unter Drogeneinfluss ausflippten und ihr Gegenüber nicht mehr erkannten, sondern Monster mit Teufelsfratzen sahen. Was, wenn er glaubte, mich – oder das, was er in mir sah – unschädlich machen zu müssen? Mir brach der Schweiß aus. Das war kein Spaß mehr. Trotzdem dachten wir immer noch, er habe vielleicht LSD genommen und erlebe gerade einen Horrortrip. Irgendwann musste er ja runterkommen, und vielleicht würde es ihn beruhigen, wenn wir ganz normal und vernünftig mit ihm redeten?
Tat es natürlich nicht. Er sprang immer wieder auf und rannte in sein Zimmer. Er knallte die Tür hinter sich zu, und dann hörten wir ihn randalieren und schreien und von innen gegen die Tür treten.
Wir nutzten die kurzen Atempausen, um Messer und andere Gegenstände, die er als Waffe benutzen könnte, verschwinden zu lassen.
Mittlerweile waren zwei Stunden vergangen. Samira und ich gerieten immer mehr in Panik. Es war eindeutig, dass

Stefan völlig auf mich fixiert war. Immer wieder kam er zu uns und stierte mich an, mit regungslosem Gesicht. Allmählich bildete ich mir ein, in seinen Augen die reine Mordlust zu sehen.
»Wir müssen etwas unternehmen«, flüsterte ich, als Stefan mal wieder unterwegs war. »Ich rufe Ani an, vielleicht weiß sie einen Rat.«
»Hast du gesehen, wie spät es ist?«
Ja, es war gegen drei Uhr morgens, aber die Situation überforderte uns zusehends. Stefan war größer als wir; er überragte mich um Haupteslänge und war sogar zwei Köpfe größer als die winzige, zierliche Samira. Uns war klar, er würde unsere Knochen wie Reisig zerbrechen, wenn er erst einmal richtig austickte.
Meine Freundin Ani arbeitete in der Altenpflege und hatte Erfahrung mit dementen Menschen und solchen, die aggressiv und nicht ansprechbar waren. Sie war also meine erste Wahl, was tatkräftige Hilfe anging.
»Kann ich dich kurz alleine lassen?«, fragte ich Samira, die wie ein zitterndes Vögelchen am Tisch saß und sich für Stefans nächsten Ansturm wappnete.
»Mir will er ja nichts tun«, bibberte sie, fügte aber hinzu: »Beeil dich bitte.«
Ich nahm das Telefon und verschanzte mich damit in meinem Kleiderschrank, denn ich wollte nicht, dass Stefan etwas von dem Telefonat mitbekam.
Ani ging nach langem Läuten verschlafen an den Apparat.
»Ani, bitte, Stefan dreht durch, wir wissen nicht mehr, was wir machen sollen«, flüsterte ich panisch.
»Wie – dreht durch?«
»Keine Ahnung, er ist total aggressiv und nicht ansprechbar. Samira ist auch hier, wir sterben fast vor Angst!«

»Bin gleich da«, sagte Ani und legte auf.
Um ehrlich zu sein – ich hätte den Schrank am liebsten nicht mehr verlassen. Dass ich wegen der Telefonschnur im Zweifel schnell zu finden gewesen wäre, war mir egal. Aber ich wusste, dass die arme Samira Stefan hilflos ausgeliefert wäre. Also tappte ich zurück in die Küche.
Stefan war noch immer in seinem Zimmer. Samira sah mich hoffnungsvoll an, und ich nickte. »Ani ist unterwegs.«
Das beruhigte uns ein wenig. Wenn Ani auch nichts ausrichten könnte – sie war wenigstens noch bei Verstand. Samira und ich waren mittlerweile derart in Panik, dass wir keinen klaren Gedanken mehr fassen konnten.
Nach ein paar Minuten klingelte es – Ani musste wie der Teufel gerast sein. Stefan kam aus seinem Zimmer geschossen und galoppierte zur Wohnungstür.
»Kommst du zu meiner Party?«, begrüßte er Ani euphorisch und zog sie hinter sich her in die Küche, wo Samira und ich schlotternd am Tisch saßen.
Anis Augen weiteten sich – sie kapierte, was los war.
»Setzen wir uns doch«, sagte sie ganz ruhig zu Stefan, und für einen Moment schien sich alles zu beruhigen, aber nur für einen Moment ...
Dann ging es wieder los. Ohne mich auch nur eine Sekunde aus den Augen zu lassen, stand Stefan auf, öffnete die Türen eines der Hängeschränke in der Küche, langte mit dem Arm hinein und fegte den Inhalt heraus. Alles schepperte auf den Boden: Gläser, Tassen, Plastikdosen. Mir blieb fast das Herz stehen. Überall Scherben. Überall Waffen.
»Ruhig bleiben«, sagte Ani. Sie holte Besen und Kehrschaufel und kehrte alles zusammen.
Stefan machte ebenfalls ganz ruhig weiter, stierte mich an,

nächste Schranktür, nächste Lawine – diesmal Vorräte, eine unglaubliche Sauerei. Nudeln, Mehl, Kaffeepulver, Zucker, Salz, loser Tee ... und wir fegten und putzten hinter ihm her, wobei er uns grinsend beobachtete.
»Ich rufe jetzt in der Psychiatrie an«, flüsterte Ani mir schließlich zu, als Stefan mal wieder in ihrem Zimmer war, »wo ist das Telefon?«
»In meinem Kleiderschrank«, flüsterte ich zurück.
Ani verschwand. Nach ein paar Minuten kam sie wieder in die Küche.
»Wir sollen ihn in die Notaufnahme der Psychiatrie bringen. Die können niemanden schicken, darauf sind die nicht eingerichtet.«
»Wie bitte? Willst du etwa mit diesem randalierenden Wahnsinnigen im Auto quer durch die Stadt fahren?«
»Wir könnten es doch versuchen«, sagte Ani. »Wenn ihr beide euch mit ihm nach hinten setzt und ihn festhaltet ...«
Wäre die Situation nicht derart furchteinflößend gewesen, hätte ich über diesen Vorschlag gelacht, so absurd fand ich ihn. »Willst du riskieren, dass er uns außer Gefecht setzt und dann von hinten über dich herfällt?«
Nein, das wollte sie natürlich nicht.
Wir beschlossen – endlich! –, den Notarzt anzurufen. Keine Ahnung, warum wir das nicht schon längst gemacht hatten. Man versprach uns, so bald wie möglich zu kommen.
In der guten Stunde bis zum Eintreffen des Arztes tobte Stefan durch die Wohnung. Mal verschwand er im Bad und warf dort alles durch die Gegend, dann verschanzte er sich in meinem Zimmer und räumte meine Bücherregale leer, während wir in der Küche saßen und uns nicht zu rühren wagten.

Schließlich stand Stefan auf dem Podest in seinem Zimmer, das den Raum in Höhe der Fensterbank diagonal teilte. Er hing halb aus dem geöffneten Oberlicht und schien eine Predigt zu halten – was mir sehr recht war, denn so richtete er wenigstens keine weiteren Verwüstungen an.

»Ein Taxi!«, schrie er plötzlich. »Partygäste!«

Der Notarzt war vorgefahren.

Auf das Läuten der Klingel hin raste Stefan zur Wohnungstür. Der Notarzt musste nur einen Blick auf ihn werfen, um zu wissen, was die Stunde geschlagen hatte.

»Kommst du zu meiner Party?«, fragte Stefan ihn mit schiefgelegtem Kopf. Mittlerweile sah er mit seinem verzerrten Gesicht völlig irre aus, wie der verrückte Joker aus »Batman«.

»Klar«, sagte der Arzt. Er stellte seine Tasche auf den Küchentisch und klappte sie auf. Bedächtig holte er eine Spritze und eine Ampulle heraus.

»Der will mich töten! Ihr Schweine wollt mich umbringen!«, brüllte Stefan, rannte zur Wohnungstür, riss sie auf und polterte die Treppe hinunter. Wir hörten die Haustür ins Schloss fallen.

Ich sah mich schon mit einer Hundertschaft Polizisten und Spürhunden durch den nahen Park streifen, um meinen völlig außer Rand und Band geratenen Mitbewohner wieder einzufangen, aber der Arzt blieb ganz entspannt und verstaute die Spritze wieder in seiner Tasche.

»Na, dann wollen wir den jungen Mann mal wieder hochholen«, sagte er und folgte Stefan nach draußen.

Samira, Ani und ich sahen uns verwirrt an.

»Der will ihm doch wohl keine Spritze geben, wie soll das denn gehen?«, sagte Samira.

Ani nickte. »Doch. Und wir werden ihn festhalten müssen.«

»Niemals. Ich fasse diesen Irren nicht an.« Mein Entschluss stand fest, ich würde mich strikt weigern.

Der Arzt kehrte zurück – mit Stefan. Er hatte im Notarztwagen gesessen und den Fahrer – vermeintlich ein Taxifahrer – zu überzeugen versucht, ihn in die Stadt zu chauffieren.

Stefan ließ sich überreden, sich auf einen Küchenstuhl zu setzen, den der Arzt mitten in den Raum gestellt hatte. Er hatte uns flüsternd instruiert, wie wir ihn umklammern und fixieren sollten – und bibbernd taten wir, wie geheißen. Mein Vorsatz, mich zu weigern, verpuffte dank der Ruhe und der Autorität des Arztes.

Angesichts der Spritze geriet Stefan wieder in Panik und riss seine Arme auseinander. Samira, Ani und ich flogen durch die Gegend, als hätte Obelix ein paar lästige Römer abgeschüttelt.

Der panisch brüllende Stefan sprang von der Türschwelle aus mit einem mächtigen Satz auf das Podest in seinem Zimmer und versuchte mit dem nächsten Sprung, aus dem noch immer geöffneten Oberlicht zu hechten, was natürlich nicht klappte. Stattdessen donnerte sein Kopf mit ungeheurer Wucht gegen den Fensterrahmen.

Wenn ich geglaubt hatte, das würde ihn zu Boden strecken, so hatte ich mich getäuscht. Er stand auf dem Podest, das Gesicht blutüberströmt, und betatschte seinen Kopf.

»Boah, was war das denn?«, sagte er verdutzt.

Er war zwar nicht ohnmächtig geworden, aber immerhin ruhiger, sogar fast klar. Ohne Widerrede setzte er sich auf den Stuhl und ließ sich insgesamt vier Ampullen Haldol, ein hochwirksames Antipsychotikum, verabreichen. Er muckte zwar zwischendurch ein wenig auf, war aber

beinahe normal ansprechbar und begleitete den Arzt schließlich zum Notarztwagen, der ihn in die Psychiatrie brachte.
Die Ruhe, die danach in meiner verwüsteten Wohnung herrschte, war fast noch unheimlicher als der Tumult zuvor. Samira, Ani und ich hockten stumm am Tisch – völlig erschlagen von dem nicht enden wollenden Horror, den wir erlebt hatten. Zwischen Samiras und meiner Ankunft in der Wohnung und Stefans Abtransport lagen knapp sechs Stunden.

Ich stand noch tagelang unter Schock. Ich hielt es nicht allein in der Wohnung aus und bat einen befreundeten Kollegen, bei mir zu übernachten. Ständig sah ich Stefan hinter Türen hervorspringen, Mordlust in den Augen – obwohl ich genau wusste, dass er in der geschlossenen Abteilung der Psychiatrie saß und mir nichts tun konnte.
Einige Tage später bekam ich einen Anruf des behandelnden Arztes, der mich zu einem Gespräch bat. Er war ein kleiner, bärtiger Mann, ungefähr in meinem Alter.
»Dieser Psychose muss eine Entwicklung vorausgegangen sein«, sagte er, »können Sie mir etwas darüber erzählen?«
Ich verneine.
»Aber Sie haben doch zusammen gewohnt. Sie müssen doch etwas gemerkt haben.«
Vergeblich versuchte ich ihm klarzumachen, dass Stefan und ich praktisch auf zwei verschiedenen Planeten gelebt hatten.
»Ich arbeite nachts, und wenn ich zur Arbeit ging, hat er noch geschlafen. Ich habe keine Ahnung, wann er anfing abzudrehen.«

Der Arzt zwinkerte verständnislos mit den Augen.
»Ich könnte mir vorstellen, dass sein Zustand etwas mit Drogen zu tun hat«, sagte ich vorsichtig. »Meines Wissens hat er alle möglichen Dinge konsumiert.«
»Glauben Sie, Ihr Mitbewohner hat Haschisch geraucht?« Das fragte der Mann mich allen Ernstes. Haschisch – ich war fassungslos.
»Er hat mir was von Angel Dust erzählt. PCP.«
»Also zwei verschiedene Drogen?«
»Nein. PCP und Angel Dust ist dasselbe. Ich habe mich mittlerweile darüber informiert«, dozierte ich, während er eifrig mitschrieb. »Üble Flashbacks, religiöser Wahn, Paranoia, Halluzinationen, Schmerzunempfindlichkeit, Wahnvorstellungen ... wenn man Pech hat. Und mein Mitbewohner hatte offenbar Pech. Ob er hier aktuell etwas davon genommen hat, weiß ich nicht. Das Zeug lagert sich im Fettgewebe ab, und die Wissenschaft streitet noch darüber, ob es Depots bildet, die dann plötzlich einen Rausch hervorrufen können. Das nennt man dann Flashback.«
Ich war wirklich entsetzt. Konnte es sein, dass dieser Mann noch nie davon gehört hatte? Ich fragte mich, wie viele Leute wohl in der Psychiatrie saßen, weil sie auf irgendwelchen Drogen hängengeblieben waren – und kein Mensch hatte eine Ahnung, was mit ihnen los war? (Das dürfte sich mittlerweile geändert haben – hoffe ich wenigstens.)
Wie lange sie Stefan noch dabehalten würden, wollte ich wissen, aber das konnte er mir nicht genau sagen.

Kurz nach der Shining-Nacht rief ich Stefans Mutter an und erzählte ihr, was passiert war. Ich bat sie, Stefans we-

nige Sachen bei mir abzuholen, weil ich mich außerstande sähe, ihrem Sohn noch einmal gegenüberzutreten.
»Ich will ihm niemals mehr begegnen, hören Sie? Ich hatte stundenlang Todesangst.«
Sie versprach mir, sich um alles zu kümmern.
Ungefähr vierzehn Tage später klingelte es, und als ich die Wohnungstür öffnete, stand Stefan vor mir.
Er grinste mich hämisch an und sagte: »Na? Haste Angst vor mir?« Dann drängte er sich an mir vorbei in die Wohnung. »Meine Mutter kommt auch gleich, die sucht noch einen Parkplatz. Wir holen meine Sachen ab«, rief Stefan fröhlich über die Schulter und verschwand in seinem (ehemaligen) Zimmer.
Man darf mir getrost glauben, dass ich mir vor Entsetzen beinahe in die Hose gemacht hätte. Ich war außer mir vor Angst und Zorn. Als seine Mutter die Treppe hochkam, schrie ich sie an: »Was fällt Ihnen ein! Ich hatte Ihnen gesagt, dass ich Stefan nicht mehr sehen will!«
»Sie haben meinen Sohn in die Psychiatrie einweisen lassen, nur weil es ihm für ein paar Minuten mal nicht so gut ging! Dafür werde ich Sie verklagen!«, keifte sie zurück.
Sollte ich versuchen, ihr zu erklären, dass wir zu dritt stundenlang versucht hatten, ihren völlig psychotischen Sohn zu beruhigen, bevor wir einen Arzt gerufen hatten? Dass wir um Leib und Leben gefürchtet hatten? Dass ihr Sohn meine Wohnung verwüstet hatte? Dass außerdem keine Privatperson der Welt jemanden in die Psychiatrie einweisen lassen kann, wie sie zu glauben schien?
Nein.
Stattdessen sagte ich: »Sie haben eine Viertelstunde. Wenn Sie beide dann noch in meiner Wohnung sind, rufe ich die

Polizei.« Dann verbarrikadierte ich mich in meinem Zimmer.

Sie lärmten herum, und Stefan kam alle paar Minuten an meine Zimmertür, bollerte dagegen und rief, ich solle doch rauskommen, warum ich denn bloß solche Angst vor ihm hätte? Und ich? Ich lag auf meinem Bett, hatte mir die Decke über den Kopf gezogen und heulte.

Irgendwann hörte ich, wie die Wohnungstür ins Schloss fiel. Ich lauschte. Nichts. Sie waren weg. Ich atmete auf.

Doch Stefan ließ mich auch danach nicht in Ruhe. Immer mal wieder, im Abstand von einigen Monaten oder auch Jahren, sprach er mir auf den Anrufbeantworter, ob wir uns nicht mal treffen sollten.

Nein, das sollten wir definitiv nicht!

KAPITEL 18

**Michael Jackson im Müngersdorfer Stadion
oder
Hinter den Kulissen
einer Monumentalveranstaltung**

Manchmal brachten Bands ihre eigenen Köche mit in die Zeche. Nina Hagen hatte zum Beispiel eine Frau im Schlepptau, die ihr in meiner Küche eine vegane Pizza zubereitete, die – aber das nur unter uns – derart schrecklich aussah und schmeckte, dass ich jahrelang dachte, vegane Ernährung sei reiner Masochismus. Der dunkelbraune Teig war nach dem Backen hart und trocken, und der Belag aus Auberginen und zweifelhaft wirkenden schwarzen Algen war halb verkohlt und wenig appetitanregend.

Es gibt freischaffende Köche oder Kochteams, die sich darauf spezialisiert haben, Bands auf ihren Tourneen zu begleiten. Bei den drei Tagen mit den Ärzten hatte ich es bereits erlebt: Im Gepäck haben die Caterer ihr komplettes Equipment. Vielen Bands ist das lieber, als zähneklappernd abzuwarten, was der jeweilige Veranstaltungsort an Catering zu bieten hat.

Im Laufe der Zeit freundete ich mich mit der Truppe an, die auch schon die Ärzte begleitet hatte. Bald war ich immer die Hilfskraft, die sie verlangten – nachdem ihnen dieses Ansinnen zunächst etwas peinlich gewesen war, weil sie dachten, mich als »Küchenchefin« würde das beleidigen. Den Zahn zog ich ihnen aber schnell, und so entwickelte sich eine Immer-mal-wieder-Zusammenarbeit, die auch externe Engagements umfasste.

Zum Beispiel engagierten sie mich einmal für ein großes Open-Air-Konzert im Amphitheater des archäologischen Parks in Xanten, wo unsere Küche wirklich und wahrhaftig in einer wunderschönen, alten römischen Villa aufgebaut war. Bekocht haben wir damals unter anderem Marius Müller-Westernhagen, Joan Baez, Mercedes Sosa und Wolf Maahn.

Natürlich sagte ich sofort zu, als ich 1988 gefragt wurde, ob ich nicht Lust hätte, sie ein paar Tage im Müngersdorfer Stadion in Köln zu unterstützen – Michael Jackson machte dort Station auf seiner »Bad«-Welttournee (bei der übrigens Sheryl Crow, die heute als Sängerin und Songwriterin selbst ein Superstar ist, als Backgroundsängerin dabei war).

Michael Jackson – das war doch mal ein echter Knaller! Nicht, dass man als Genießer alternativer Musik öffentlich zugegeben hätte, auf Michael Jackson zu stehen, aber insgeheim fand ich ihn toll. Außerdem konnte ich mir eine solche Gelegenheit keinesfalls entgehen lassen. Um Missverständnissen gleich vorzubeugen: Wir bekochten nicht den King of Pop himself, er wurde von den Köchen des Hotels versorgt, in dem er residierte. Wir versorgten die Aufbaucrew aus circa hundertfünfzig Amerikanern, die die gesamte Tour begleitete und die jeweils am Auftrittsort durch etwa hundert lokale Kräfte aufgestockt wurde. Das machte eine Meute von zweihundertfünfzig hart arbeitenden Kerlen, die bis zu fünfmal täglich gefüttert werden mussten.

Unsere kleine Gastronomiemeile bestand aus zwei riesigen Bundeswehrzelten, in denen wir uns häuslich einrichte-

ten. In der mobilen Kantine stand eine zwanzig Meter lange Tafel, auf der jeden Morgen in aller Frühe das Frühstücksbuffet aufgebaut wurde: Marmelade, Flakes, Müsli, gigantische Käse- und Wurstplatten, Berge von Rührei, tonnenweise Brot und Brötchen, Hektoliter Kaffee, Tee und Milch. Wir schleppten wie die Irren Unmengen an Nahrung heran, denn die Männer schufteten beinahe rund um die Uhr und brauchten ständig Kaloriennachschub.
Dreieinhalb Tage zog sich der Aufbau von Bühne und Technik hin; ein Konvoi von mehr als einem Dutzend Sattelschleppern hatte das Equipment herangekarrt. Michael Jackson war auf dem Höhepunkt seines Ruhms und stellte sich natürlich nicht einfach auf die Bühne vor ein popeliges Mikrofon, da durfte das Publikum zu Recht etwas mehr Entertainment erwarten.
Die Bühne war riesig und hatte mehrere Ebenen, die zum Teil hoch- und runtergefahren werden konnten. Etliche Tänzer brauchten Platz, schließlich konnte Jackson bei »Thriller« wohl kaum als einsamer Zombie über die Bühne zucken. Damit auch der Letzte der siebzigtausend Zuschauer jeden seiner Tanzschritte verfolgen konnte, wurden rechts und links gigantische Leinwände errichtet, auf die das Bühnengeschehen live übertragen wurde – heutzutage Standard, aber damals noch aufregend und neu.
Trotz der hohen Anforderungen war die Küche gut organisiert, und so hatte ich zwischendurch immer wieder Gelegenheit, den Bühnenaufbau zu beobachten. Besonders die »Rigger« beeindruckten mich, denn sie arbeiteten ohne Sicherung in schwindelerregender Höhe, um die »Traversen« genannten Haltevorrichtungen für die Scheinwerfer zu installieren. Die amerikanischen Jungs waren – zumindest in meiner im Nachhinein sicherlich romantisierenden

Erinnerung – allesamt braungebrannt, muskulös und tätowiert. Da Hochsommer war, arbeiteten sie mit freiem Oberkörper und in kurzen Hosen – eine Augenweide!
Viel Zeit, die Urväter der Chippendales anzuglotzen, blieb mir natürlich nicht. Es gab einen straffen Arbeits- und Pausenplan für die Aufbaumannschaft, und wir waren gut beraten, Hunderte Portionen Mittagessen, Nachmittagssnack und Abendessen pünktlich zu servieren. Für zwischendurch standen stets Berge von Obst und Schokoriegeln bereit, damit die Jungs immer bei Laune und ihre Energiespeicher gut gefüllt blieben.
Es ist übrigens nicht besonders kompliziert, für so viele Leute zu kochen, ob drei oder dreihundert Portionen, ist eigentlich egal. Die richtige Ausrüstung ist entscheidend. Natürlich kann ich mit den Gerätschaften, die ich zu Hause in meiner Küche habe, nicht für mehr als eine Handvoll Gäste zaubern, aber mit Töpfen, die fünfzig oder hundert Liter fassen, und Kochlöffeln, die anderthalb Meter lang sind, sieht das schon anders aus.
Und die Zutaten? Einfach die angegebene Menge für drei Personen verhundertfachen, und schon stimmt es wieder. Gut, siebzig Kilo Hackfleisch sind ein furchterregender Anblick, und hundert Schlangengurken für den Salat zum Steak ein ernstzunehmender Gegner, aber letztlich ist alles eine Frage der Organisation.
An einem Nachmittag, ich war gerade allein im Küchenzelt, zog ein schweres Gewitter auf. Den gesamten Tag lang war es drückend schwül und windstill gewesen, und alle beteten insgeheim darum, dass sich die Elektrizität in der Luft endlich entladen möge. Mit einem Donnerschlag und einem Stakkato von grellen Blitzen ging es plötzlich los, und dann fegte auch schon die erste Orkanböe ins Kü-

chenzelt und brachte die gesamte Konstruktion ins Wanken. Damit wir Bewegungsfreiheit hatten, hatten wir eine Stirnseite des Zeltes komplett geöffnet – eine Einladung für den Sturm. Tellerstapel kippten um (es zerbrach erstaunlich wenig – Gastronomiegeschirr ist äußerst robust!), die Spüle rutschte über den Boden, die frisch gespülten Töpfe kollerten herum. Heftiger Platzregen strömte vom Himmel und gluckerte über meine Füße, denn das Zelt hatte keinen Boden, sondern stand direkt auf Asphalt.
Ich hatte mich gerade vom ersten Schreck erholt, als die nächste Böe mich umblies und das Zelt anhob. Ich rappelte mich hoch, hängte mich an eine Zeltstange und kreischte um Hilfe. Ich hatte zwar einige Kilo zu viel auf den Hüften, aber gegen den schrecklichen Sturm konnte ich allein nichts ausrichten. Ich schrie, so laut ich konnte, und zwischen zwei Donnerschlägen fand mein Gebrüll offenbar den Weg ins Kantinenzelt, denn plötzlich kam eine Abordnung der Chippendales angaloppiert wie die Kavallerie der Südstaaten und befreite mich aus meiner misslichen Lage.
Ich hatte mich schon mit dem Zelt gen Himmel abheben und in eine Erdumlaufbahn eintreten sehen!
Der Tag des Konzerts, der 3. Juli, war ein Sonntag, und bereits am frühen Nachmittag strömten die Fans ins Stadion. Der Innenraum war schnell gefüllt, und die Fans warteten dicht gedrängt bei brütender Hitze darauf, dass es endlich losging. Es war viel zu voll, als dass irgendjemand zu den Getränkeständen hätte vordringen können, aber was hielt man nicht alles aus, wenn man sein Idol sehen wollte. Die Leute auf den bestuhlten Tribünen hatten es besser, denn es gab Gänge und Treppen und somit wesentlich mehr Bewegungsfreiheit – dank der Leinwände hatten

sie vermutlich noch dazu die bessere Sicht auf das Geschehen auf der Bühne.
Neben der Bühne hatte man ein Behelfslazarett eingerichtet, und eine ganze Schwadron von Ärzten und Sanitätern samt einer Flotte Krankenwagen stand bereit. Zwischen Bühne und Publikum gab es einen meterbreiten Graben, in dem sich nur Ordner und Sanitäter aufhalten durften – und das Personal aus dem Backstage-Bereich. Ich hatte also beste Sicht auf die Bühne.
Am frühen Abend ging es los. Kim Wilde trat als Vorgruppe auf, um anzuheizen, wo es wahrlich nichts anzuheizen gab – im doppelten Sinne, denn erstens waren die Temperaturen im Stadionkessel ohnehin kaum auszuhalten, und zweitens musste keiner, aber auch wirklich kein einziger der siebzigtausend Michael-Jackson-Fans heiß auf ihr Idol gemacht werden.
Als Frau Wilde fertig war, begann endlich der interessante Teil des Abends. Die ersten Töne von »Wanna be startin' something« erklangen, und die Hölle brach los. Jeder im Innenraum drängte nach vorn zur Bühne, und in der ersten Reihe wurden – bis auf wenige Ausnahmen – alle kollektiv ohnmächtig, denn sie wurden gegen das Absperrgitter gepresst. Routiniert zogen die dort mit Blick aufs Publikum positionierten Ordner die halb oder ganz Bewusstlosen aus der Menge und reichten sie an die wartenden Sanitäter weiter, zu Dutzenden, zu Hunderten.
Die Ohnmächtigen wurden nach kurzer Untersuchung drei verschiedenen Gruppen zugeordnet: Die erste Gruppe kam direkt wieder zu sich und wurde zunächst nur im Bühnengraben auf den Rasen gelegt, damit sie sich erholen konnte. Die zweite Gruppe landete in den Lazarettzelten am Tropf, die dritte wurde in die wartenden Kran-

Hat der Mann wirklich in dieser Kluft auf der Bühne gestanden? Hat er!

kenwagen verfrachtet, die aus dem Stadion ins nächste Krankenhaus rasten, um direkt zurückzukehren und die nächsten kollabierten Fans abzuholen.

Was alle drei Gruppen gemeinsam hatten: Niemand von ihnen durfte zurück in den Zuschauerbereich. Reicht Ihre Phantasie aus, um sich vorzustellen, wie ein Fan darauf reagiert, nachdem er sich seit Monaten auf das Konzert gefreut und nun nicht mehr gehört hat als die ersten paar Töne?

Die Leute flippten aus, bekamen hysterische Heul- und Schreikrämpfe und mussten medikamentös beruhigt werden. Es wurde ihnen ja nicht nur verweigert, das Konzert zu sehen. Erschwerend kam hinzu, dass viele auch Freunde oder Eltern im Publikum hatten, jedoch niemand, der nicht zusammengebrochen war, über die Absperrung in den Sanitätsbereich durfte. Ich konnte nur spekulieren, wie die Leute sich nach dem Konzert wiederfinden sollten (denn damals hatte bekanntermaßen niemand ein Handy in der Tasche).

Ich stand mit offenem Mund mittendrin und konnte kaum fassen, was sich um mich herum abspielte. Nicht nur das Chaos vor, sondern auch die Show auf der Bühne machte mich sprachlos. Etwas Vergleichbares hatte ich noch nie gesehen, eine absolut perfekte Choreographie, von der ersten bis zur letzten Sekunde. Jede Bewegung saß, und vermutlich hat Jackson bei allen 123 Auftritten der Welttournee zu exakt der gleichen Sekunde exakt die gleiche Geste gemacht und exakt den gleichen Ton gesungen.

Endlich verstand ich auch, warum er immer weiße Socken zu seinen schwarzen Hosen und Schuhen trug: So konnte man seine rasanten Tanzschritte und seine geradezu artistische Beinarbeit natürlich viel besser beobachten.

Als das Konzert zu Ende ging, das Publikum schließlich begriffen hatte, dass es trotz seiner lautstark skandierten Forderung keine Zugabe mehr geben würde, und widerwillig das Stadion verließ, versorgten wir längst die Crew, die für den Abbau um weitere hundert Kräfte aufgestockt worden war. Das Ziel war nämlich, den Abbau über Nacht zu schaffen (das Equipment musste nach München ins Olympiastadion), nachdem der Aufbau dreieinhalb Tage gedauert hatte.
Ergo: Die härteste Schicht wartete noch auf uns, an Schlaf war nicht zu denken. Abendessen, Mitternachtssnack (Spaghetti Bolognese, schließlich musste der Kohlehydratspeicher aufgeladen werden) und das Frühstück am nächsten Morgen standen noch auf dem Plan, anschließend unser eigener Abbau.
Als wir endlich mit allem fertig waren, war es Mittag. Ich wurde am Kölner Hauptbahnhof abgesetzt und nahm den nächsten Zug zurück nach Bochum.
Überdreht, wie ich war, konnte ich natürlich nicht schlafen; außerdem hatte ich für den Abend eine Verabredung: Wall of Voodoo (New Wave/Rock aus Los Angeles – vielleicht erinnert sich jemand an ihren Hit »Mexican Radio«?) spielten in der Zeche – ein Pflichttermin!
Nie war mir die Zeche so winzig vorgekommen wie an jenem Abend. Als das Konzert anfing, war ich beinahe erstaunt, dass die Show losging, ohne dass ein Vorhang aufgezogen wurde und die bekannte Melodie der Augsburger Puppenkiste erklang.

KAPITEL 19

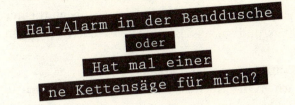

Im Januar 1989 stand uns eine Riesenparty ins Haus: Die »1st Shark Nite« sollte in der Zeche zelebriert werden. Anlass war die Vorstellung eines neuen Musikmagazins namens »Shark« – ein ambitioniertes Projekt, das leider nicht lange überlebte.

Die Gäste durften sich auf eine echte Sause freuen, denn die Magazinmacher galten offiziell als cool – ein Status, den sie sich als Eventplaner und Musikjournalisten über Jahre hart erarbeitet hatten. Vier Bands würden spielen, und genau wie deren Musik würde die Party hart und heftig werden, daran konnte kein Zweifel bestehen. Ich hätte gern mitgefeiert, aber es war der ausdrückliche Wunsch der Veranstalter, dass ich mich höchstpersönlich um das geplante »Special« auf dem Buffet kümmern sollte. Das neue Magazin hieß wie erwähnt »Shark«, also Hai, und jetzt dürfen Sie drei Mal raten, was das geheimnisvolle Special sein würde: Hai-Burger!

Ich nahm diesen Wunsch ohne besondere Aufregung zur Kenntnis und machte mir im Voraus nicht allzu viele Gedanken. Die Jungs wollten Hai-Burger, also würden sie Hai-Burger bekommen. Es war nun wirklich keine große Sache, einen Burger zusammenzuklöppeln, und ob in der

Mitte eine Bulette oder ein Stück Fisch lag, machte keinen Unterschied. Irgendwer würde sich schon darum kümmern, dass alles Notwendige herbeigeschafft wurde, und ich ging davon aus, dass ich zu Schichtbeginn einen Berg Haifilets und säckeweise Burgerbrötchen vorfinden würde.
Im Prinzip stimmte das auch.
Als ich in die Küche kam, lag da alles, was ich für den Abend brauchte. Alles, bis auf den verdammten Fisch. Wo um Himmels willen waren die Haifilets? Hatte der Einkauf etwa gepatzt, und ich stand ein paar Stunden vor Beginn der Party ohne das Special da? Ich durchsuchte noch einmal das Kühlhaus und schaute sogar in den Tiefkühltruhen nach. Kein Hai zu finden, egal in welchem Aggregatzustand.
Ziemlich nervös griff ich zum Haustelefon und rief vorne im Büro an. »Hallo, kann mir einer sagen, ob der Einkäufer noch unterwegs ist? Ich vermisse den Fisch für heute Abend.«
»Der hängt in der Banddusche, und ich wäre froh, wenn der endlich verschwinden würde. Der stinkt nämlich.« Die Kollegin im Büro knallte den Hörer auf die Gabel und ließ mich verwirrt zurück.
DER hängt in der Banddusche?
Wieso DER?
DER Filet? DER Einkäufer?
Ich zog kurz in Erwägung, spontan zu erkranken und mein Heil in der Flucht zu suchen. Dann aber entschied ich mich, dem Unbekannten die Stirn zu bieten. Schließlich trug ich an diesem denkwürdigen Tag ein T-Shirt, auf dem »Fate« (Schicksal) stand, und ich verstand das als Wink desselben.

Ich betrat die Halle, in der gerade »Lüde & die Astros« ihren Soundcheck machten. Brachialrocker aus Hannover, echt harte Kerle. Der Sound brach über mich herein wie ein Orkan und fegte mich beinahe rückwärts wieder zur Tür hinaus. In einer leeren Halle trifft dich die Druckwelle aus den Boxen mit ungebremster Wucht, ganz anders als in einer vollen Halle.

Ich nahm den Weg über die Bühne, denn der Büro- und Backstage-Trakt lag direkt dahinter. Es roch nach Fisch, eindeutig. Nicht unbedingt unangenehm, aber sicherlich nicht jedermanns Sache. Die Kollegin im Büro deutete über ihre Schulter in Richtung Dusche, und ich ging nachsehen. Mich traf fast der Schlag: Dort hing ein zwei Meter langer Hai, aufgehängt an der Schwanzflosse. Fassungslos stand ich vor dem Monstrum, das da kopflos vor sich hin duftete. Schlagartig hatte sich mein Arbeitspensum in der Küche vervielfacht. Ich war darauf eingestellt gewesen, Filets oder Steaks vorzufinden, die ich nach und nach braten oder grillen wollte, um sie dann zwischen zwei Brötchenhälften zu legen – ein Spaziergang. Jetzt stand mir der Iron Man bevor. Ohne Training. Gott sei Dank war das Vieh bereits ausgenommen und die Bauch- und Rückenflossen entfernt, ich musste ihn also »nur noch« filetieren.

Als ich mich einigermaßen von dem Schock erholt hatte, rannte ich aus der Dusche in die Halle und rief um Hilfe. Zwei der Aufbauhelfer erklärten sich schließlich unter Protest bereit (»Das Vieh STINKT!«), mir den Hai in die Küche zu bringen, und da lag er dann in seiner ganzen stromlinienförmigen Schönheit und rauchgrauen Pracht vor mir auf dem Arbeitstisch aus Edelstahl. Ein bisschen wie in der Pathologie, kurz bevor das Mordopfer aufgeschnitten wird. Allerdings trug ich weder Einmalhandschuhe noch Gummischürze oder Gesichtsmaske, sondern nur mein schwarzes Shirt mit der grünen Aufschrift »Fate«. Das war halt jetzt mein Schicksal, und alles Hadern oder Aufbegehren hätte mich keinen Millimeter weitergebracht. Probehalber setzte ich am Rücken ein Messer an und versuchte beherzt, die Haut einzuschneiden.

Es tat sich: nichts.

Wenn ich noch ein letztes Mal Wikipedia zitieren darf: »Während die Knochenfische Elasmoid- oder Ganoidschuppen tragen, haben die Haie sogenannte Placoidschuppen, die im Revolvergebiss als Zähne beginnen und sich vom Maul über den ganzen Körper ausbreiten. Die Zähne verkleinern sich und werden als Hautzähnchen fortgesetzt, die bei den Haien im Gegensatz zu den Rochen eine fast vollständige Körperumhüllung bilden.«

Aha. Der komplette Fisch ist also mit Zähnen überzogen. Oder Zahnmaterial, wenn man so will.

Noch Fragen?

Das alles wusste ich zwar damals nicht, aber ich konnte zweifelsfrei feststellen, dass mein lächerliches Messer für die Haut des Hais kein ernstzunehmender Gegner war. Spontan wünschte ich mir eine Kettensäge, um dem Vieh damit zu Leibe zu rücken. Ich strich mit der Hand Richtung Schwanzflosse: glatt und weich wie ein Babypopo. Ich versuchte die andere Richtung und schmirgelte mir fast die Haut von der Handfläche. Wieder was dazugelernt.

Vielleicht sitze ich ja mal irgendwann bei Günther Jauch, und die Eine-Million-Euro-Frage ist die nach dem wissenschaftlichen Begriff für die Schuppen eines Hais. Dann kann ich triumphierend »Antwort C: Placoidschuppen« sagen und einen Klugscheißervortrag über Revolvergebisse und Hautzähnchen halten.

Ich und der
besiegte Hai -
servierfertig
(der Hai,
nicht ich)

Ich schnappte mir also den Wetzstahl, schärfte mein größtes Zackenmesser und fing an zu sägen. Um an das Fleisch heranzukommen, musste ich mühsam die Haut abtrennen. Das war Schwerstarbeit, es fühlte sich an, als hätte ich es mit einer Gummimatte zu tun.
Im Schweiße meines Angesichts arbeitete ich so schnell wie möglich, immer wieder bestaunt von Kollegen, die zwischendurch in die Küche kamen und mir zusahen.

Schließlich hatte ich einen Riesenberg handtellergroßer Steaks vor mir, und es wurde Zeit, dass ich ein Stück Hai briet, zum ersten Mal im Leben. Das Fleisch sah gar nicht so aus, wie ich es von Fisch gewöhnt war, es war viel fester. Klar, schließlich ist ein Hai ein einziger, großer Muskel. Auch nach dem Braten erinnerte es mich in seiner Konsistenz eher an Geflügel, und man hatte richtig etwas zu beißen. Abgesehen davon war es ziemlich lecker.

Einer aus der Veranstalter-Crew kam in die Küche und grinste. »Na, biste mit dem Kollegen klargekommen?«

Er meinte natürlich den Hai.

Ich deutete auf die Platte mit den Steaks. »Siehst doch, das ist alles, was von ihm übrig ist. Hat mich aber jede Menge Zeit gekostet. Jetzt muss ich richtig reinhauen.«

Er grinste noch breiter. »Ich hab da was, was dir ordentlich Dampf macht.« Er sah sich um und fragte: »Gibt es hier ein ungestörtes Eckchen?«

Ich deutete auf den Vorratsraum hinter der Küche, wo auch der Pizzaofen stand.

Er nickte. »Passt du vorne auf? Wäre blöd, wenn jetzt einer reinkäme.«

Er ging nach hinten, und kurze Zeit später hörte ich das charakteristische Geräusch: tak-tak-tak-tak-tak-tak ... Wofür charakteristisch? Dafür, dass mit einer (Rasier-)Klinge auf einer glatten Fläche Koks aufgehackt wird, natürlich. Warum eigentlich nicht, dachte ich.

Koks gehörte (und gehört!) nicht wirklich zu meiner täglichen Ernährung, außerdem hatte ich das Prinzip, vor oder bei der Arbeit weder Drogen noch Alkohol zu konsumieren, dazu ist die Verletzungsgefahr in der Küche zu groß. Einmal hatte ich bekifft gearbeitet und jede Menge Blödsinn gemacht.

Ein Beispiel: Auf der Speisenkarte stand Vanilleeis mit heißen Kirschen, die wurden zu Beginn der Schicht zubereitet und dann, wie die Suppen und Saucen auch, in einem Stahlbehälter in einer Bain-Marie warmgehalten. Als jemand Eis mit Kirschen bestellte, kippte ich großzügig Bolognese auf die Eiskugeln – merkte es aber nicht, schließlich war die Spaghettisauce ja auch rot! Meine Kollegin, die im Restaurant kellnerte, war nicht sehr amüsiert von meinem blöden Gekicher, als sie mir den Becher zurück in die Küche brachte.

Aber die Nacht mit dem Hai war eine Ausnahmesituation, und ich konnte wirklich ein bisschen Unterstützung gebrauchen, um mein Pensum zu schaffen, nachdem das Zersäbeln des Hais mich so viel Zeit gekostet hatte. Ich ließ mich also einladen, und danach sauste ich – huiiiii! – durch die Küche und arbeitete noch dreimal schneller als sowieso schon.

Liebe Kinder: Bitte nicht nachmachen! Diese künstliche und geliehene Energie verpufft schlagartig nach einer Stunde, und dann guckt man dumm aus der Wäsche. Nicht nur das: Man möchte sich auf der Stelle in die Ecke legen und schlafen. Deswegen ist das Zeug ja so gefährlich; man muss ständig »nachlegen«, um das Energielevel zu halten. Wäre der freundliche junge Mann an dem Abend nicht immer wieder zu mir gekommen, um mich mit Nachschub zu versorgen, wäre ich vermutlich auf halber Strecke ohnmächtig zusammengebrochen.

Die Hai-Burger waren natürlich der Renner, denn alle wollten die exotische Burger-Variation probieren. Aber meinen »Kokskater« am nächsten Tag wünsche ich nicht einmal meinem ärgsten Feind ...

KAPITEL 20

Das Leben danach

Vielleicht wäre ich heute noch immer in der Zechenküche beschäftigt und würde Hackfleischtoast machen, hätte es nicht Ende 1989 aus den Reihen der Bochumer Gastronomie den Ruf an einen anderen Herd gegeben.
Kaum etwas ist so schwierig wie der Ausstieg aus der Partywelt, wenn man dort einmal fest verwurzelt ist. Man kann dort ewig ein vermeintlich ausgefülltes soziales Leben führen und hinter den Zapfhähnen diverser Kneipen uralt werden. (Es sei denn, man nimmt zu viele Drogen oder trinkt zu viel Alkohol oder beides gleichzeitig, dann wird man nicht uralt.) Man arbeitet nachts, schläft lange und ist umgeben von Kollegen, die genauso leben. Die Zeit vergeht, ohne dass man es wirklich mitbekommt – und eines Tages wacht man auf, und es sind zehn Jahre ins Land gegangen.
Diese Erkenntnis dämmerte mir so allmählich.
Als ich das Angebot bekam, in der Küche eines »richtigen« Restaurants zu arbeiten, packte ich also die Gelegenheit beim Schopfe. Anfangs pendelte ich zwischen der Zeche und meinem neuen Arbeitsplatz, denn ich hatte mich bereit erklärt, noch einzelne Schichten in meinem alten Wirkungsbereich zu übernehmen, wenn Not am Mann war. Ein paar Wochen ging alles gut, aber dann kam die Nacht, in der ich unter großem Geschrei aus der Zechenküche geworfen und gefeuert wurde.

Es war ein Abend mit einem Konzert, der Laden war brechend voll. Es gab ein wenig Verwirrung um den genauen Zeitpunkt des Essens für die Band, aber ich machte mir keine Sorgen, denn derartige Situationen hatte ich oft genug gemeistert. Ich stand am Herd, als die damalige Freundin eines der Geschäftsführer in die Küche geschossen kam und mich anschrie: »Wieso ist das Essen noch nicht fertig?«
»Weil die Band noch nicht da ist. Die Bratkartoffeln sind servierbereit, und sobald die Band kommt, mache ich die Steaks. Kein Grund, zu schreien.«
»Ich schreie, so viel ich will!« Sie riss mir den Pfannenheber aus der Hand und begann, in den Kartoffeln zu rühren. »Ich will, dass die Steaks sofort in die Pfanne kommen!«
»Aber das ist Blödsinn. Die brauchen nur ein paar Minuten. Die Band kommt, setzt sich an den Tisch, bestellt Getränke – und wenn jeder sein Glas vor sich stehen hat, ist das Essen fertig. Frisch aus der Pfanne.«
»Du glaubst wohl, du bist was Besseres, nur weil du jetzt in einem Restaurant arbeitest, was? Du tust genau das, was ich dir sage, hast du verstanden?«
Ich traute meinen Ohren kaum. Daher wehte also der Wind!
Ich wurde sauer und sagte: »Lass mich bitte meine Arbeit machen, ja? Und verschwinde aus meiner Küche.«
»Deine Küche?«, kreischte sie. »Das ist nicht mehr deine Küche, und das war deine Entscheidung. Deine Frechheiten lasse ich mir nicht länger gefallen! Weißt du was, Brenda? Du bist gefeuert! Und ich will, dass du sofort verschwindest!«
Ich zuckte mit den Schultern und band meine Schürze ab. Allzu erschüttert war ich nicht – schließlich hatte ich noch einen anderen Job.

Allerdings wurde mir schnell klar, dass ich mich mit dem überschätzt hatte. Eine gehobene Speisenkarte, von der alles frisch zubereitet werden muss – das war ein anderes Kaliber als überbackener Schinkentoast und grüne Nudeln mit Sahnesauce. Ab sofort stand Entenbrust auf dem Programm, selbstgebeizter Lachs, Lammnüsschen, Spinatkuchen und Wildreis. Die Karte wechselte jeden Monat, und jedes Mal bekam ich dann einen Crashkurs von meinem Kollegen, einem ausgebildeten Koch. Er peitschte mich durch die Karte und wurde bei jeder Frage, die ich stellte, ungeduldiger. Irgendwann später erzählte er mir, wie sauer er damals war, weil die Geschäftsführung mit mir eine ungelernte Kraft eingestellt hatte.
Ich zitterte mich durch meine Schichten und hatte ständig Panik, dass ich mein Pensum nicht schaffen würde.
Hatte ich gedacht, die Zechenküche wäre hart gewesen, musste ich jetzt lernen, dass ich ein paar Jahre lang spazieren gegangen war.
Im Laufe der folgenden Monate wurde mir zunehmend klar, dass ich in diesem Job auf Dauer nicht gut aufgehoben war. Die Arbeit ging mir wirklich an die Substanz, obwohl mein brandneuer Freund mich an jedem Schichtende um drei Uhr nachts abholte. Ich steckte bis zum Hals in einer Tretmühle, die mich krank und depressiv machte. Zumal ich an meinem Arbeitsplatz vollkommen isoliert war – das genaue Gegenteil zur Zechenküche, in der ich ständig Besuch von Kollegen bekommen und trotz der vielen Arbeit immer noch Spaß gehabt hatte. Hier steckte ich in einem heißen, dunklen Loch und war permanent völlig überfordert.
Nach anderthalb Jahren beschloss ich, zu kündigen und mir eine neue Arbeit zu suchen.

Leichter gesagt als getan.

Ich war knapp zweiunddreißig Jahre alt, und ich hatte nicht nur nichts erreicht, sondern auch keinerlei Zukunftsperspektive mit meinem abgebrochenen Studium. Die Vorstellung, bis zu meinem Lebensende in der Gastronomie arbeiten zu müssen, erschreckte mich zutiefst. Ich war wie gelähmt und hatte keine Ahnung, wie ich an einen anderen Job kommen sollte. Was hatte ich schon als Referenz vorzuweisen? Nichts.

Über eine Bekannte, die ebenfalls in der Gastronomie arbeitete, bot sich mir unverhofft eine einmalige Gelegenheit: Ich konnte in der Drogerie ihrer Eltern arbeiten und mich wieder an ein Leben bei Tageslicht und mit normalen Arbeitszeiten gewöhnen.

Heute denke ich, dass es damals höchste Zeit für mich war, auszusteigen. Hört sich pompös an, ich weiß. Aber der Einfluss der mich ständig umgebenden Verlockungen war groß, und es war schwer, nein zu sagen. Ich schlief zu wenig und feierte zu viel. Ich kannte auf jeden Fall viel zu viele Leute, mit denen man hervorragend gepflegt und in allen Ehren versacken konnte.

Die letzten Jahre meines Lebens waren an mir vorbeigedonnert wie ein ICE an einem Dorfbahnhof, und ich hatte trotz der vielen Dinge, die ich erlebt hatte, nicht das Gefühl, mich nennenswert weiterentwickelt zu haben. Eigentlich sehnte ich mich längst nach einem ruhigen, strukturierten Leben, und deshalb brauchte ich konsequenten Abstand zu Sodom & Gomorrha und vor allem zu dessen Bewohnern.

Welcher Ort könnte dafür geeigneter sein als eine Drogerie in einem Bochumer Vorort? Ein Laden, der von Utensilien zum Selbstbrennen von Schnaps aus Schrebergartenobst

über Designerkleidung aus der letzten Saison bis zu sündhaft teuren Kosmetika alles verkaufte.
Nun begann für mich also der Ernst des Lebens. Morgens um Viertel vor acht war Dienstbeginn – jeden Tag. Ich quälte mich um kurz nach sechs aus dem Bett und versuchte, einen klaren Kopf zu bekommen. Dann ging es mit Bus und Straßenbahn quer durch Bochum zur Drogerie. Anfangs spielte mein Kreislauf manchmal verrückt, aber ich hatte eine verständnisvolle Chefin, der es lieber war, wenn ich zu Hause blieb, anstatt grüngesichtig und unverständliches Zeug lallend durch den Laden zu wanken.
Nach und nach gewöhnte ich mich an meinen neuen Tagesablauf, und mein geruhsamer, spießiger Job machte mir richtig Spaß. Morgens zog ich als Erstes einen weißen Kittel über, fegte die Drogerie und rollte die Ständer mit der Kleidung nach draußen unter die große Markise. Danach kochte ich Kaffee für alle und freute mich auf die Kunden. Endlich hatte ich es wieder mit ganz normalen Leuten zu tun – und nicht mit Exzentrikern, Partyvolk und all den Schwätzern, die ich so unglaublich satthatte.
Mit einigen ehemaligen Kollegen war ich nach wie vor befreundet und sah sie regelmäßig. Noch lange Jahre gab es zum Beispiel ein monatlich stattfindendes Mädelsessen (wir waren zu fünft und kochten reihum – an dieser Stelle Grüße an Sabine, Silke, Lisa und Eva!), bei dem ich mit ausführlichem Klatsch aus der Zeche versorgt wurde, während man mich für die Kosmetik- und Parfümpröbchen feierte, die ich immer mitbrachte. Mit meinem neuen Job konnte ich auch wieder auf Partys gehen, die samstags stattfanden, statt in irgendeiner Küche zu schuften. Um ehrlich zu sein: Der Abschied vom wilden Nachtleben fiel mir nicht allzu schwer.

Für die nächsten anderthalb Jahre interessierten mich nur noch Pflegecremes, Klosterfrau Melissengeist (ein Renner!) und Sonnenlotion. Ich beriet bei der Auswahl von Düften für den Gatten und entwickelte mich zur Spezialistin darin, auf Anhieb zu wissen, was gemeint war, wenn ein Kunde »dat Pahfüm mit diese drei französische Wörter« verlangte. Gemeint war übrigens »C'est la vie«, ein Duft von Christian Lacroix. Es gab auch »dat Pahfüm mit die Ente drauf« (»Vanderbilt« – auf der Packung war ein Schwan) und »dat Pahfüm mit die griechische Königin« (»Cleopatra«).

Zu meiner eigenen Überraschung und zur Freude meiner Chefin machte es mir besonders großen Spaß, mit unendlicher Geduld nette ältere Damen beim Kleidungskauf zu beraten – für die anderen Mitarbeiterinnen der Drogerie war dieser Bereich ein rotes Tuch. Ich verschwand mit den Kundinnen stundenlang in den Umkleidekabinen, schleppte unermüdlich Blusen, Röcke und Kostüme heran und freute mich wie eine Schneekönigin, wenn die Dame glücklich nach Hause ging.

In der Vorweihnachtszeit war die Hölle los – die Leute kauften wie die Verrückten. Besonders neue Damendüfte und Rasierwässer waren begehrt, und alle, alle, alle wollten ihren Einkauf als Geschenk verpackt haben. Ich fand das erstaunlich, denn für mich ist es ein wichtiger Teil des Geschenks, dass ich es selbst liebevoll und kreativ einpacke. Aber der Kunde ist König, und so verbrauchten wir kilometerweise Geschenkpapier und Kräuselband. Noch heute beherrsche ich diese Falttechnik, bei der ein großer Fächer das Päckchen ziert!

Ich fühlte mich wohl in der Drogerie, ergriff aber die Gelegenheit, mich zu bewerben, als ich eine interessante Stellenanzeige las: Für eine Filiale einer Bochumer Boutiquenkette wurde eine Leiterin gesucht. Die Besitzer hatten sieben oder acht Läden, in denen hochwertige Mode verkauft wurde: ein Schuhgeschäft, ein Herrenausstatter, ein Lagerfeld-Shop und so weiter. In besagter Boutique sollten, wenn in den anderen Filialen die jeweils neuen Kollektionen eintrafen, die Reste der abgelaufenen Saison angeboten werden. Ich bekam die Stelle, kleidete und frisierte mich seriös und tauchte für zwei Jahre in die Welt der Mode ein. Meine Freundinnen waren begeistert, denn ich rief sie immer an, wenn ich besonders schöne Stücke von Gaultier oder Lagerfeld hereinbekam, die dann statt siebenhundert nur noch neunundneunzig Mark kosteten.

Auf die Idee, mein Studium wieder aufzunehmen, kam ich nie – zum Leidwesen meiner Eltern, die das gern gesehen hätten. Dafür bekam ich immer wieder interessante Jobangebote, die mich in völlig neue Welten führten und spannende Aufgaben für mich bereithielten.

Es folgten zwei Jahre in einer Szeneboutique (und ein kurzer Rückfall in die Partyszene, um ehrlich zu sein), in der ich Lederklamotten und Schmuck verkaufte. Danach arbeitete ich in einer Veranstaltungsagentur und konzipierte und leitete große Events von Straßenfesten über Trendsport-Europameisterschaften bis hin zu Motorradmessen.

Später übernahm ich die Pressearbeit für die weltgrößte Messe zum Thema Hanf und gab in dieser Funktion unzählige Interviews, von denen fünfundneunzig Prozent mit der Frage begannen: »Haben Sie heute schon gekifft?«

Wie unglaublich witzig!

Ich hatte darauf eine Standardantwort parat: »Seltsam, als ich noch Skateboardmeisterschaften organisiert habe, hat mich niemand gefragt, ob ich den Tag mit einem Kickflip Nose Wheelie oder einem Backside Bluntslide begonnen habe.«

Bei der Messe ging es primär um Hanf als nachwachsenden Rohstoff: als Dämmmaterial, Grundstoff für Kosmetika und als langlebige, robuste Faser, aus der Kleidung hergestellt wird. Ich organisierte medizinische Symposien zum Thema »Cannabis als Medizin«, zu denen Koryphäen aus aller Welt anreisten – und dann fiel den Journalisten nichts Besseres ein als: »Haben Sie heute schon gekifft?«

Zuletzt – das war 2004 – leitete ich das Büro einer Schauspielagentur und kehrte damit zu den Exzentrikern zurück. Ich bekam Einblick in Bereiche, die den meisten Menschen verschlossen bleiben. Zu meinen wichtigsten Aufgaben gehörte es, die Terminkalender der Schauspieler zu führen, und so erfuhr ich viel über ihr Privatleben – viel mehr, als die Leser von *Gala*, *Bunte* und all den anderen Promimagazinen jemals erfahren werden.

Eines hatten meine Jobs gemeinsam: Ich traf jede Menge interessante Menschen und hörte nicht auf zu lernen. Jeder einzelne Job war aufregend, spannend und ziemlich anstrengend – und bereicherte mein Leben.

Seit einigen Jahren schreibe ich nun Romane, aber das ist eine andere Geschichte …

DANKSAGUNG

An diesem Buch zu arbeiten war für mich wie eine Reise in einer Zeitmaschine – zurück in die Achtziger. Die geschilderten Geschichten und Erinnerungen waren mir zwar alle sehr präsent, allerdings fehlte mir ein zeitliches Koordinatensystem.
Wann war der Rockpalast in der Zeche?
Wann genau passierte die Sache mit dem Hai?
Beim Ordnen haben mir viele Leute geholfen. Allen voran Horst Krause, Geschäftsführer der Zeche, der so freundlich war, mir Zugang zum Archiv zu gewähren. Als ich meine alte Wirkungsstätte nach dem Treffen mit ihm wieder verließ, war ich im Besitz von sage und schreibe siebzig eng bedruckten Seiten: sämtlichen Konzertterminen von 1981 bis 1989. Vielen Dank, Horst – und vielen Dank den beiden netten Jungs im Büro, die mir das Dokument zusammengestellt haben. Ihr habt mir unendlich viel Recherchearbeit erspart.
Danke an meine ehemaligen Kollegen und Weggefährten Sabine Gruhn und Peter »Luis« Liess sowie meinen besten Freund Jochen Liedtke, die meine Erinnerungen besonders zum Test-Department-Kapitel aufgefrischt haben, indem sie die ihren mit mir teilten.
Danke an Anita »Ani« Heyer, die mir den Anstoß gab, über die »Shining«-Nacht zu schreiben.
Vielen Dank an Ilka Heinemann vom Knaur Verlag, die mein Leben interessant genug fand, um mich zu bitten, dieses Buch zu verfassen – und an meine Lektorin Claudia Schlottmann, deren sorgfältige und umsichtige Arbeit mir eine große Hilfe war.

Nicht zu vergessen: Kirsten, Ute und Ralf J., meine tapferen Probeleser, die mir wertvolle Hinweise gegeben haben.
Und – last but not least – innigsten Dank an meine Agentin Margit Schönberger, die genau zur richtigen Zeit der genau richtigen Person gegenüber ganz beiläufig erwähnt hat, dass ich doch mal in den Achtzigern diesen interessanten Job hatte …

Brenda Stumpf, im April 2011

BILDNACHWEIS

S. 20 Teutopress / Süddeutsche Zeitung Photo; S. 33, 37, 42 Manfred Becker; S. 53 picture-alliance; S. 69 Interfoto / Archiv Friedrich; S. 80 Privatarchiv Stumpf; S. 94 picture-alliance / Jazz Archiv; S. 102 picture-alliance / Jazz Archiv; S. 139 picture-alliance / Photoshot; S. 156, 160 Privatarchiv Stumpf; S. 164 picture-alliance / Jazz Archiv Hamburg; S. 197 Corbis / Retna Ltd / Greg Allen; S. 205 Privatarchiv Stumpf

Herr Ober

»Die Rechnung, bitte!«

Bekenntnisse eines Kellners

Der Alltag eines Kellners ist nervenaufreibend: unverschämte Sonderwünsche, Liebespaare auf der Toilette und kleine schwarze Tierchen in der Küche, die auf keinen Fall ins Essen gelangen dürfen – allenfalls bei arroganten Gästen. Herr Ober serviert uns einen pikanten Blick hinter die Kulissen des Restaurantbetriebs.

Knaur Taschenbuch Verlag

Marischa Sommer

Talking Dirty

Mein Job bei der Sex-Hotline

Marischa Sommer war jung – und sie brauchte Geld. Da sie in ihrem Beruf keine Stelle fand, begann sie für eine Sex-Hotline zu arbeiten. Sie lernte, wie man die Männer möglichst lange in der Leitung hält und wie man sie verbal befriedigt. Manche wählten sich ein, um sie stöhnen zu hören, andere, um zu reden, wieder andere, um ihre Phantasien auszuleben, weil es in der Realität nicht möglich war.

In ihrem schonungslos offenen Buch erzählt Marischa Sommer von den skurrilen Aspekten dieses Jobs, von den tagtäglichen Erfahrungen mit den Anrufern, von der Kluft zwischen der Realität und dem, was sie den Männern erzählt – und den Abgründen, die sich offenbaren, wenn man mit den sexuellen Phantasien von Männern konfrontiert ist.

Knaur Taschenbuch Verlag